Guide des collections

Musée archéologique
Saint-Romain-en-Gal
Vienne

Mosaïque d'*Hylas et les Nymphes*
Début du IIIe siècle après Jésus-Christ
4,85 x 4,80
Dépôt de la ville de Grenoble

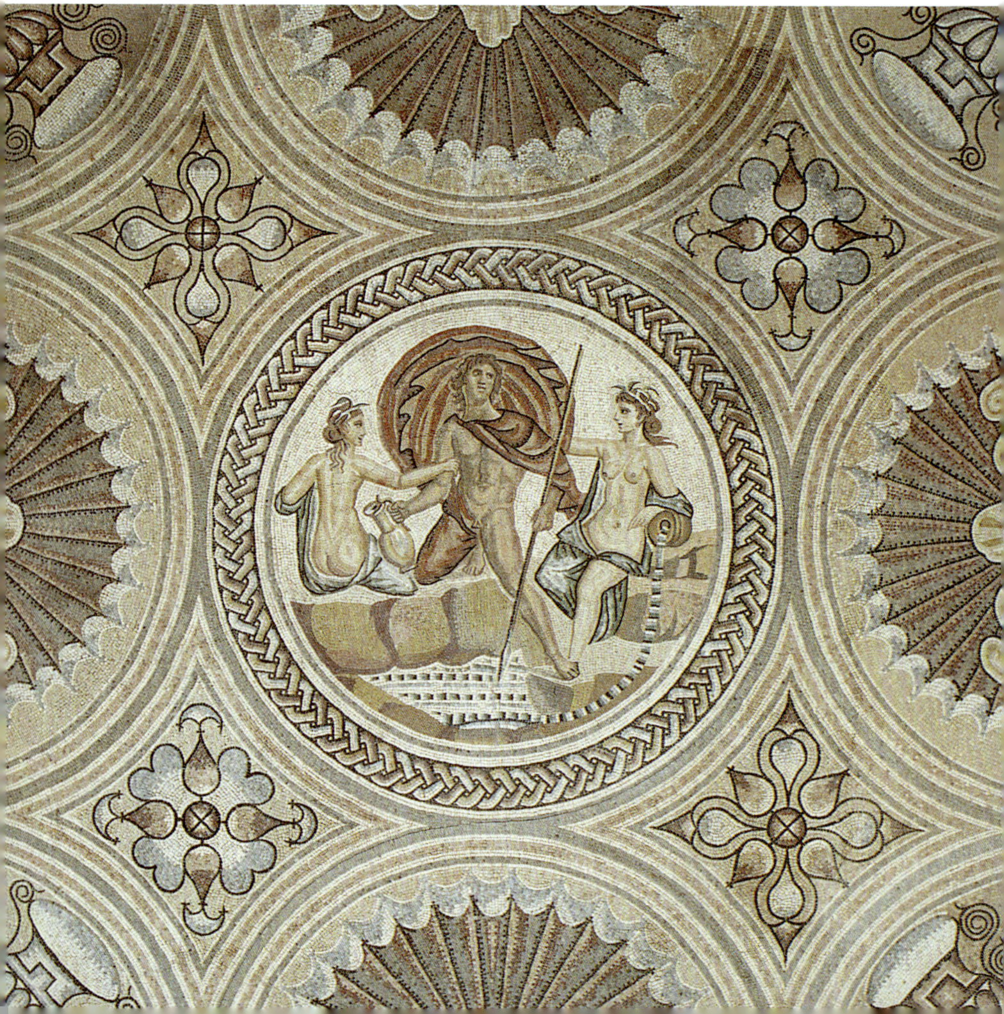

Guide des collections

Musée archéologique
Saint-Romain-en-Gal
Vienne

CONSEIL GENERAL DU Rhône

Réunion
des Musées
Nationaux

Coordination éditoriale
M'hammed Behel et Paul Veysseyre

Liste des auteurs
Jean-Claude Béal
M'hammed Behel
Laurence Brissaud
André Cochet
Éric Delaval
Odile Leblanc
Anne Le Bot-Helly
François Leyge
Jean-Luc Prisset
Robert Renaud
Hugues Savay-Guerraz
Paul Veysseyre

Les mesures
sont données en mètres
longueur x largeur x hauteur

Les mots*
renvoient au lexique

Remerciements
Nos remerciements s'adressent à tous ceux qui ont contribué, à un titre ou à un autre, à la préparation de ce guide : Nicole Blanc, Marie-Jeanne Bodolec, Jean-Pierre Darmon, Cécile Frémiot-de Mauroy, Odile Larue, Roger Lauxerois, Claire Marcellin, Véronique Molard-Parizot, Anne Nercessian.

Les mosaïques et les peintures murales ont été restaurées et présentées par l'Atelier Interdépartemental de Restauration de Mosaïques et d'Enduits Peints dirigé par Évelyne Chantriaux-Vicard : Fanny Bonhomme, Marion Hayes, Catherine Kelbérine, Christophe Laporte, Andréas Phoungas, Maurice Simon, ainsi que Claude Forrières, Patricia Leclerc, Bernard Leone et Emmanuelle Marguet.

Les objets en céramique, en verre et en métal ont été restaurés par l'Atelier Municipal de Restauration Gabriel Chapotat à Vienne, dirigé par Marie-Claude Depassiot : Pascale Chantriaux, Marie-Hélène Kappes, Véronique Langlet-Marzloff, Jean-Baptiste Latour, Joëlle Nevoret et Patrick Pliska.

Les pilotis ont été traités par Arc Nucleart, Grenoble.

Les maquettes ont été réalisées par : Gilles Baudvin, Patrice berger, Frédéric Trouvé.

Les restitutions préalables à ces maquettes ont été préparées par : Anne-Marie Clappier, Anne Le Bot-Helly, Brigitte Sagnier.

La copie du bateau a été réalisée sous la conduite de Jean-Marie Gassend.

Sommaire

Le Musée archéologique de Saint-Romain-en-Gal - Vienne

Une longue histoire

« J'ai traversé le Rhône aujourd'hui pour voir le cabinet d'antiquités et d'objets d'art de madame Michoud. [...] Pendant plusieurs années, elle a fait faire des fouilles avec persévérance dans une de ses propriétés où l'on trouvait à la surface de la terre une grande quantité de marbres antiques. » C'est ainsi que Prosper Mérimée, futur inspecteur général des Monuments historiques, relate sa visite à Saint-Romain-en-Gal et à Sainte-Colombe-lès-Vienne en 1834. Les découvertes dont il est question proviennent du *Palais du Miroir* dont les puissants murs sont alors les seuls vestiges apparents sur la rive droite du Rhône.

Au nord de cet imposant édifice, le hasard des travaux agricoles ou les excavations effectuées pour récupérer des matériaux ont révélé plusieurs pavements dont la mosaïque des *Travaux rustiques*, acquise par le musée du Louvre en 1892 et déposée depuis 1935 au musée des Antiquités nationales. Ces explorations se sont poursuivies jusqu'au début de notre siècle et ont fait apparaître de nouveaux pavements, aussitôt prélevés et vendus, parfois à l'étranger comme la mosaïque de *Bacchus* exposée aujourd'hui au British Museum.

Dès sa création en 1807, le musée de Vienne s'est porté acquéreur d'une partie des antiquités ainsi mises au jour, telle la mosaïque du *Châtiment de Lycurgue* découverte en 1900 à Sainte-Colombe-lès-Vienne. Cependant, au gré des ventes publiques, nombre de ces collections furent acquises par d'autres musées français comme ceux de Lyon, de Grenoble, de Mâcon ou encore de Nîmes. C'est ainsi que la mosaïque d'*Hylas et les Nymphes*, découverte en 1902, fut transportée au musée des Beaux-Arts de Grenoble. Une partie des antiquités du site aboutirent même dans des musées

Le Palais du Miroir
Carte postale ancienne

Le musée vu du site
Façade ouest

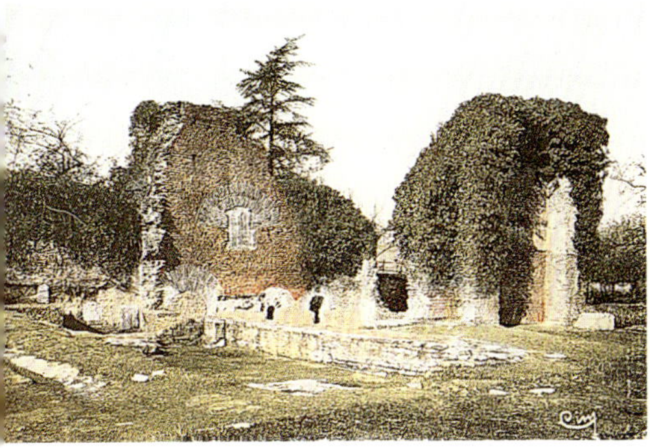

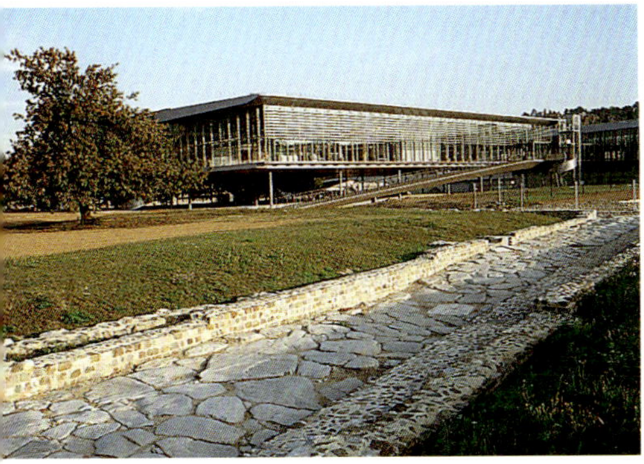

étrangers : Londres, Budapest et même Malibu en Californie où le musée Paul Getty possède une mosaïque d'*Orphée* provenant de Saint-Romain-en-Gal.

La redécouverte du site
C'est en 1967, à l'occasion de la construction d'un lycée, que le site archéologique apparaît dans toute son ampleur. Les premiers travaux révèlent la célèbre mosaïque des *Dieux océan*, et tout un réseau de voies dallées dans un état de conservation étonnant. Les efforts de M. Le Glay, alors directeur régional des Antiquités, permettent de sauver le site de la destruction et en 1970, le Département du Rhône se porte acquéreur de cet ensemble de vestiges, alors dégagé sur près de 3 hectares.

En 1981 la constitution d'une équipe archéologique permanente et la création d'un atelier de restauration constituent les préalables à un projet de musée : il s'agit d'abord d'approfondir la connaissance de ce quartier antique puis de regrouper et de restaurer les collections susceptibles de figurer dans le futur musée.

Deux bâtiments pour un musée
Afin de préserver les vestiges, un soin particulier a été apporté à l'implantation du musée. L'ambitieux programme architectural de Philippe Chaix et Jean-Paul Morel visait d'une part à donner aux visiteurs une vision claire des collections et du site et d'autre part à abriter chercheurs et restaurateurs loin du public. Pour cela ils ont conçu deux bâtiments distincts, d'une superficie totale de 12000 m^2, reliés par une passerelle.

La salle d'exposition permanente est implantée au bord du Rhône au-dessus des vestiges de la

L'entrée du musée
Façade sud

Salle d'exposition permanente
Façade ouest

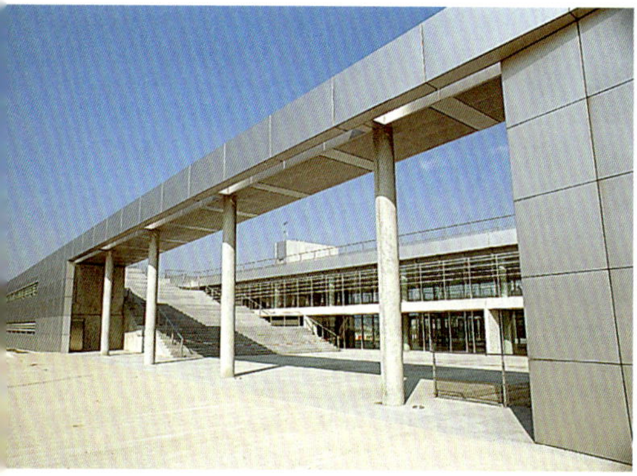

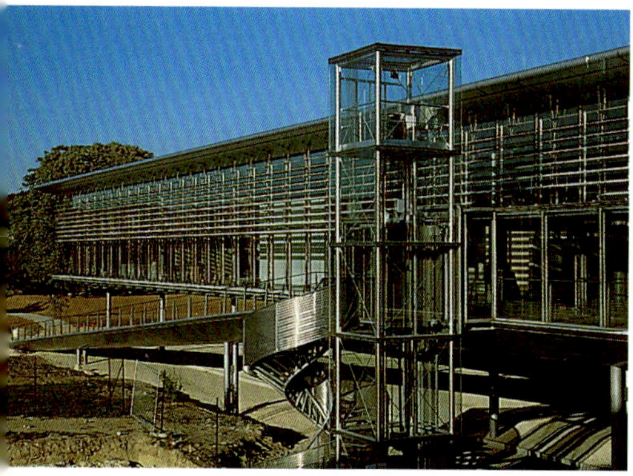

Maison au *Lion*. C'est une plate-forme d'acier et de verre soutenue par vingt-quatre fins pilotis. Elle offre des espaces lumineux et ouverts sur le site archéologique d'un côté, sur le Rhône et la ville de Vienne de l'autre. Les visiteurs accèdent au site par une rampe en pente douce qui aboutit sur les dalles de granite de la voie romaine.

Le second bâtiment, fait de béton recouvert d'acier, massif, en partie enterré, offre espace, calme et sécurité. Il abrite les bureaux de la conservation, le centre de recherche, l'Atelier de Restauration de Mosaïques et d'immenses réserves ; il ouvre largement sur Vienne par un escalier monumental qui donne accès à une terrasse dominant tout le site.

Les collections et le parcours muséographique
Issu des fouilles, le fonds des collections est constitué principalement de mosaïques et de peintures murales ainsi que d'objets liés aux activités domestiques ou artisanales. Un dépôt généreux, consenti par la Ville de Vienne au conseil général du Rhône, a permis d'enrichir encore cet ensemble, en lui apportant des pièces prestigieuses comme le *Châtiment de Lycurgue*, les *Athlètes vainqueurs* ou la peinture aux *Échassiers*. Pour plus de cohérence, on a procédé à une répartition géographique des collections fondée sur la différentiation qui existait dans l'antiquité entre les quartiers des deux rives du Rhône. Le musée de Vienne regroupe principalement les objets relatifs à la vie politique et religieuse et celui de Saint-Romain-en-Gal ceux qui ont trait à l'activité économique et au décor de la maison.

Le parcours parmi les collections s'organise en quatre grands thèmes qui ont fondé le choix des oeuvres et l'organisation de l'espace : l'implanta-

Le musée vu de Vienne
Façade est

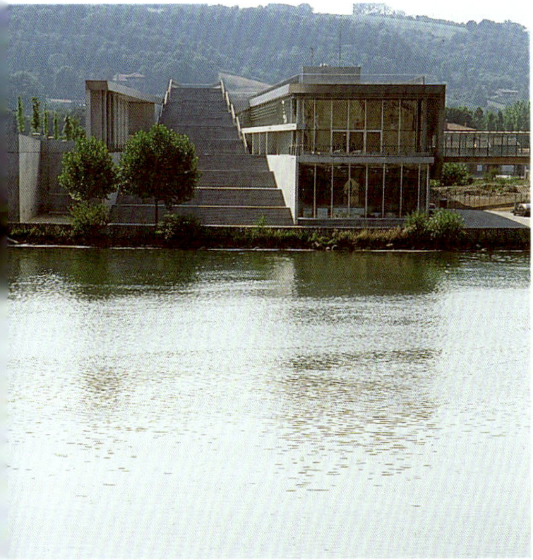

tion géographique et historique de la ville romaine ; la vie économique ; l'art de la mosaïque et des peintures murales ; le cadre de vie et l'organisation de la maison romaine.

Accueillir et transmettre

L'ouverture du musée couronne donc quinze années de travail de l'équipe archéologique du site et de l'Atelier de Restauration de Mosaïques. Les chercheurs du service régional de l'Archéologie, du CNRS, de l'Université, ainsi que des bénévoles ont également contribué par leur savoir et leur dévouement à la réalisation de ce musée et de ce guide. Qu'ils en soient aujourd'hui pleinement remerciés.

Il appartient désormais au service des publics d'accueillir nos visiteurs et de leur faire partager la richesse de ce patrimoine. Ainsi, au-delà de l'aménagement du site et de l'architecture de ce superbe musée, le conseil général du Rhône pourra-t-il s'enorgueillir de contribuer à la diffusion de nos connaissances sur la Vienne romaine vers un plus large public.

François Leyge
Directeur du site
Conservateur du Musée archéologique

Mosaïque des *Dieux océan*
Maison des *Dieux océan*
Fin du IIe siècle après Jésus-Christ
1,94 x 2,41

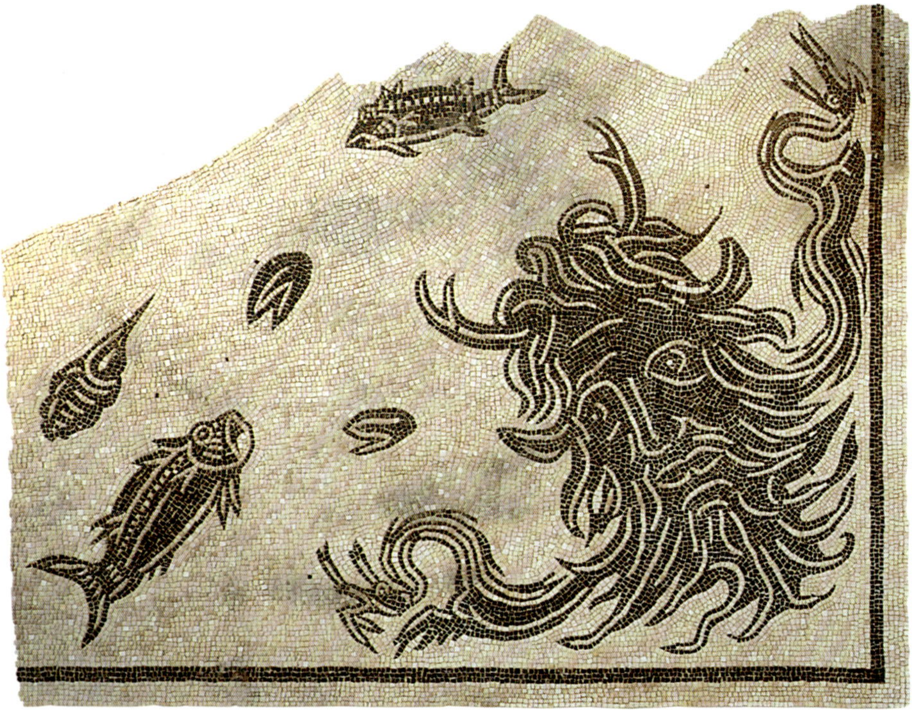

Le site

Découverte dès l'ouverture du chantier de fouille, en 1967, cette mosaïque, d'une superficie de 130 m^2, constituait le sol du vestibule monumental de l'une des plus grandes maisons, à laquelle elle a donné son nom. Elle est devenue l'emblème du site. La Maison des *Dieux océan*, aménagée vers 180 apr. J.-C., s'étendait sur près de 3 000 m^2. Le vestibule était la première salle que découvrait le visiteur. Son décor était donc particulièrement soigné : cet espace, impressionnant par son volume (sa hauteur est estimée à 9 m), était orné d'un bassin circulaire animé par un jet d'eau.

La mosaïque est constituée de grandes tesselles* de calcaire blanches et noires. Les variations de teintes que l'on peut constater sont la conséquence d'un incendie qui détruisit la maison au IIIe siècle apr. J.-C. Le tapis central, qui enserrait le bassin du vestibule, comportait quatre têtes du Dieu Océan, dont deux sont entièrement conservées ; ce sont des têtes d'hommes d'âge mûr dont la chevelure et la barbe abondantes se terminent en pinces de homard ou en pattes de crustacés ou bien sont couvertes d'algues ou de poissons. Elles sont entourées d'animaux marins : murènes, sardines, raies, moules, murex.

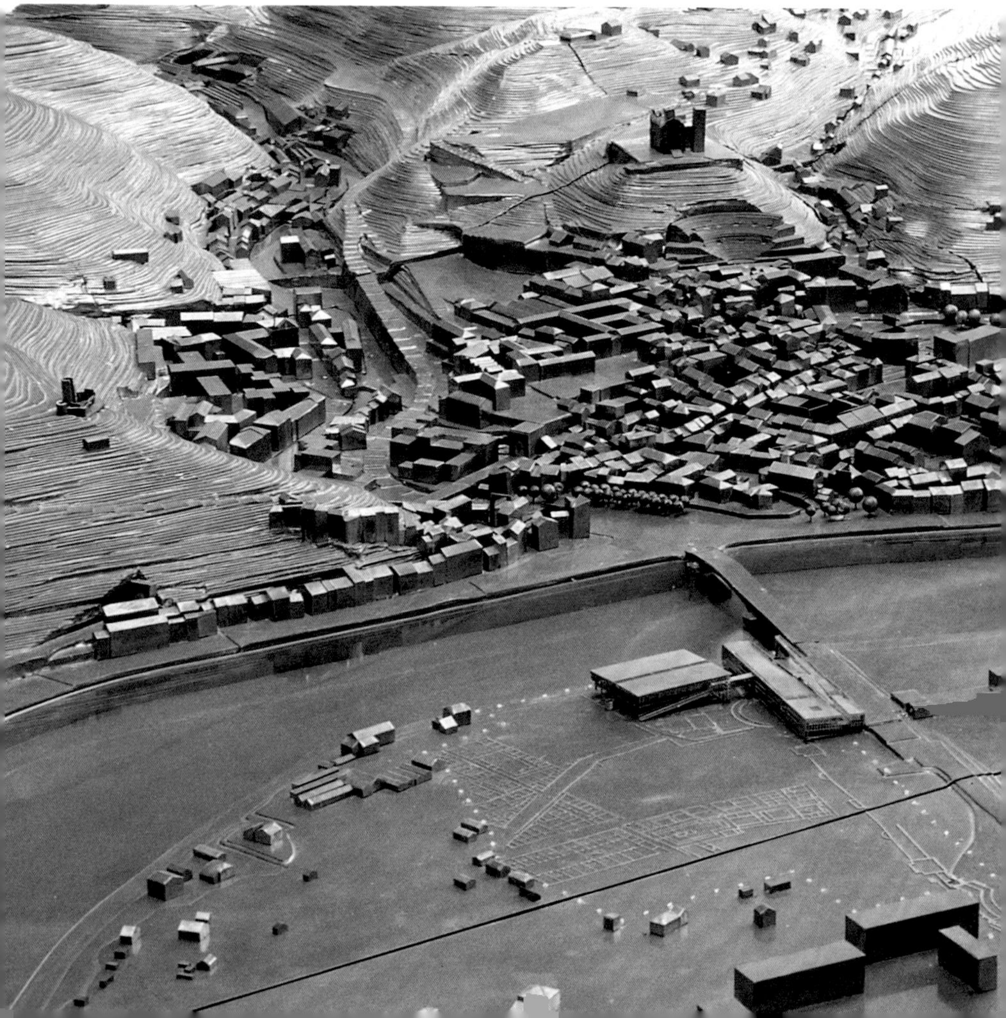

Vienne contemporaine
Maquette réalisée par Gilles Baudvin
Plomb
3,45 x 2,95 ; échelle 1/1000

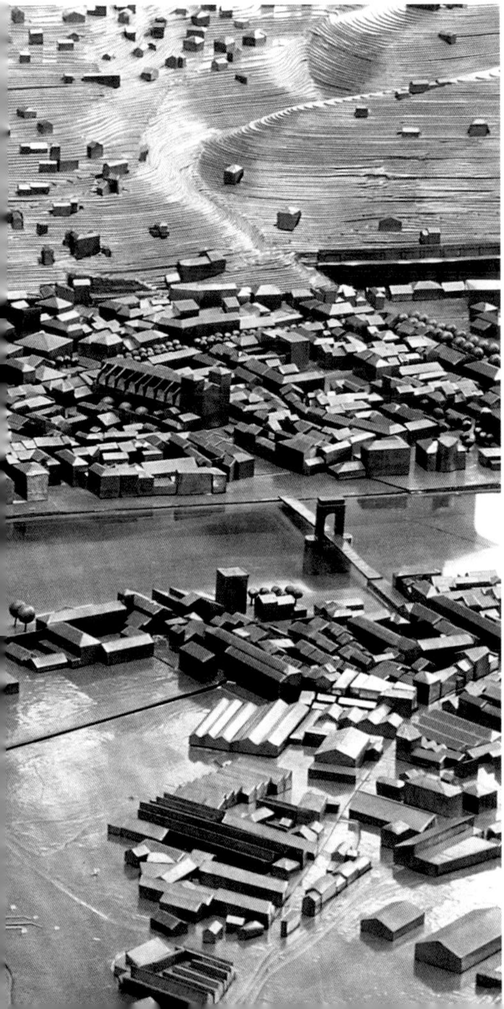

Il y a 2 000 ans, le Rhône constituait un trait d'union entre les deux rives d'une même ville : la Vienne gallo-romaine s'étendait en effet de part et d'autre du fleuve, sur un site naturel aux reliefs contrastés. Sur la rive gauche, cinq collines sont disposées en arc de cercle : le mont Salomon, la colline Sainte-Blandine, Pipet, le mont Saint-Just et le mont Arnaud. A leur pied, deux cours d'eau se jettent dans le Rhône : la Gère et le ruisseau Saint-Marcel. Sur la rive droite, dans la boucle du Rhône, s'étend la plaine alluviale de Saint-Romain-en-Gal qui sépare le fleuve du rebord du Massif Central. Plus au sud, le terrain se raccorde à la terrasse du bourg de Sainte-Colombe. A Vienne se croisent deux axes de circulation préromains : la vallée du Rhône et la route des Alpes, qui rejoint le Rhône en empruntant les vallées de ses affluents. Cette situation, jointe aux défenses naturelles du site, expliquent l'ancienneté de son occupation, attestée dès le Néolithique (vers 3 000 av. J.-C.).

A l'époque gauloise, le pays était occupé par les Allobroges, peuple gaulois qui occupait le Dauphiné et la Savoie. Strabon* nous dit que « les plus illustres d'entre eux se sont fixés à Vienne ». De nombreux objets de cette époque ont été découverts sur la colline Sainte-Blandine et sont exposés au musée de Vienne. Au Ier siècle avant notre ère, César ne manqua pas de remarquer la qualité du site de Vienne. Le territoire des Allobroges fut annexé par les Romains en 120 av. J.-C. Vienne, choisie comme chef-lieu de cité, connaît alors un rapide développement urbain lié à la paix romaine. L'essor de la ville est affermi par le titre de "colonie latine" (*Colonia Iulia Viennensium*) qu'elle reçut en 50 av. J.-C. Vers le milieu du Ier siècle apr. J.-C., elle reçoit le titre envié de "colonie romaine". La cité devient *Colonia Iulia Augusta Florentia Viennensium.*

Les habitants jouissent désormais de tous les droits réservés aux citoyens romains. Une bourgeoisie municipale, enrichie grâce au commerce, crée un cadre de vie qui n'a rien à envier aux villes d'Italie. Vienne devient l'une des plus grandes villes de la Gaule et s'étend alors de part et d'autre du fleuve sur une superficie d'au moins 300 hectares.

Au prix de grands travaux d'aménagement, les architectes romains vont modeler le site naturel et créer une topographie encore largement perceptible de nos jours dans le paysage. Sur la rive gauche, une muraille, construite à la fin du Ier siècle av. J.-C., enserre les cinq collines dans un périmètre de sept kilomètres. C'est une des plus vastes enceintes de la Gaule. Là, sont rassemblés les monuments qui matérialisent les fonctions politiques, religieuses et culturelles de la cité : le forum et le sanctuaire du culte impérial, le théâtre sur les flancs de la colline de Pipet, l'odéon sur la colline de Saint-Just. Plus au sud, là où la ville déborde largement de ses murailles, le long du fleuve, s'étend le cirque, dont il reste aujourd'hui la "pyramide" qui décorait le terre-plein central. Dans la plaine, sur les deux rives, se développent au Ier siècle de notre ère de riches quartiers avec de très grandes maisons, des entrepôts et des boutiques ainsi que de grands thermes publics. Le site classé de Saint-Romain-en-Gal offre sur plus de trois hectares une image de ces quartiers résidentiels et artisanaux.

Après plusieurs siècles de prospérité, les quartiers situés hors les murs sont abandonnés à partir du IIIe siècle apr. J.-C. La vie urbaine se concentre alors sur la rive gauche, dans le cœur de la ville antique. En dépit de cette récession, Vienne conserve un rôle de premier plan comme capitale religieuse : l'essentiel de la ville est aux mains de l'Église. La splendeur et le nombre de ses édifices religieux (plus de dix églises et douze monastères) lui confèrent, au Moyen Age, le surnom de "cité sainte". Elle est érigée en évêché dès le milieu du IIIe siècle, puis en archevêché au XIe siècle. Au XIIIe siècle, l'archevêque Jean de Bernin fait construire une nouvelle muraille et le château de la Bâthie. Il fait établir un pont sur le Rhône, fondé peut-être sur un ouvrage romain. Ce pont, endommagé par les crues et sans cesse réparé, subsistera jusqu'au XVIIe siècle. A l'intérieur de la ville, les travaux de construction de la cathédrale Saint-Maurice se poursuivent du Xe au XVIe siècle. Elle est le centre d'une véritable cité canoniale enclavée dans la ville. D'autres églises subsistent encore : Saint-André-le-Bas reconstruite au XIIe siècle ; l'église Saint-Pierre, jadis basilique des Saints-Apôtres, reconstruite au XIIe siècle, transformée en musée lapidaire. Plusieurs établissements religieux sont aujourd'hui intégrés dans l'habitat ainsi l'église des Carmes, l'église de l'abbaye Saint-André-le-Haut ou la commanderie des Antonins. La ville est le théâtre du concile de 1311 qui condamna l'ordre des Templiers. Pendant le concile, le roi de France, installé à Sainte-Colombe, en remarqua l'importance stratégique. Il annexa le village en 1335 et le dota d'un rempart et d'une tour (la tour des Valois) destinée à défendre l'accès au pont. Cependant, son attention resta fixée sur Vienne et, plus largement, sur le Dauphiné. Ce dernier, alors propriété du Saint-Empire-Romain-Germanique, fut vendu à la France en 1349 alors que Vienne n'a été rattachée à la couronne qu'en 1450. Quelques maisons du Moyen Age sont conservées, avec leur architecture à pans de bois, mais ce sont surtout les rues étroites et tortueuses entre la Gère et le ruisseau Saint Marcel qui gardent le souvenir de la ville médiévale.

En 1450, l'entrée de Vienne dans le royaume de France marque le début du déclin du pouvoir des archevêques et la fin du Moyen Age est une période difficile pour la plupart des fondations religieuses, victimes des guerres de religion. La Contre-Réforme produit cependant de nouvelles fondations, comme celle des Jésuites, dont il reste aujourd'hui le collège et sa chapelle du XVIIe siècle, devenue église Saint-André-le-Haut.

A partir du XVIIIe siècle, l'industrie se développe avec la fabrication de draps et le traitement du minerai de plomb. Après la Révolution, de nouveaux terrains s'offrent à l'expansion urbaine au sud du centre ancien. Au XIXe siècle, de grands travaux sont entrepris pour aérer la ville avec la création de places et de grandes avenues. La halle de la place Miremont, construite en 1823, accueille aujourd'hui les collections du musée d'Art et d'Histoire. Le développement industriel s'accompagne d'un fort essor démographique. La fabrication des produits textiles occupe près du tiers de la population active. De cette période de prospérité, qui dure jusqu'au début du XXe siècle, Vienne a hérité d'un quartier industriel implanté tout le long de la vallée de la Gère.

A Saint-Romain-en-Gal, sur l'emplacement de la ville romaine redevenu rural dès le Bas-Empire, s'étendent encore aujourd'hui des jardins et des vergers. Du cœur du village, l'église du haut Moyen Age à la tête d'un vaste terroir agricole domine la plaine et le fleuve endigué. De nos jours, les travaux de régularisation du cours du Rhône ont considérablement réduit l'impact du fleuve sur le site de Vienne. La traversée, qui fut durant des siècles un problème majeur, est résolue grâce aux élégantes arches de béton d'un pont inauguré en 1949.

Coupe stratigraphique prélevée sur le site
Ier - IIIe siècles après Jésus-Christ
3,16

En 1989, les archéologues ont réalisé un sondage dans le passage qui sépare les thermes du *Nord* des boutiques et l'équipe de l'Atelier de Restauration de Mosaïques a réussi l'exploit de prélever in situ cette coupe stratigraphique. Elle donne un résumé de l'occupation de ce secteur durant près de 300 ans, du début du Ier siècle au IIIe siècle apr. J.-C.

Près d'une centaine d'unités stratigraphiques, comprenant des couches de sédiments, mais aussi des maçonneries, des tranchées, des fosses et leurs comblements, ont été découvertes, décrites et enregistrées. L'interprétation de ces vestiges, puis, une fois le sondage achevé, l'étude des objets recueillis, permettent de définir sept états successifs de construction et de les situer dans le temps.

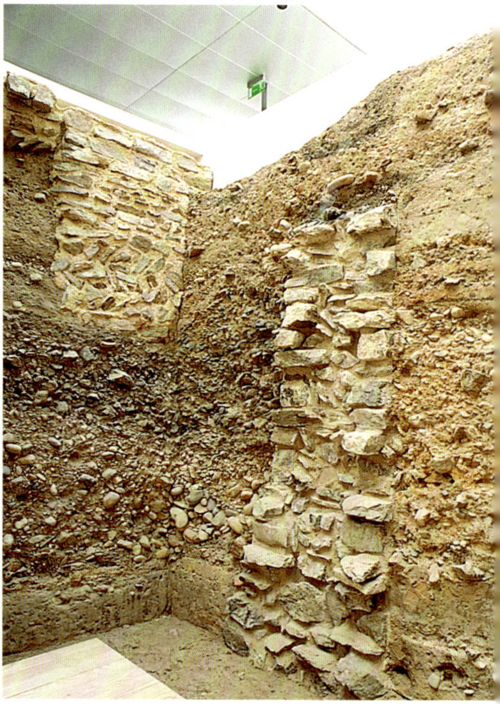

La romanité dans Vienne

L'implantation de la civilisation romaine, centrée autour de la vie civique, est marquée à Vienne, dès le règne d'Auguste, par de grandes réalisations architecturales. La construction du forum et du temple de Rome et d'Auguste est liée à la vie politique et à la pratique la religion officielle. Elle souligne la puissance de Rome et son assise sur le territoire des Allobroges. Ces réalisations vont de pair avec l'octroi, par l'empereur, du droit d'ériger un rempart. L'acte politique visant à honorer la ville, symbole prestigieux plutôt que défensif, montre le profond ancrage de cette nouvelle colonie dans l'Empire.

Plus tard, l'édification d'établissements thermaux, un des vecteurs de la civilisation latine qui dérive du gymnase hellénique, confirme l'implantation de ce mode de vie urbain et son adoption par les populations locales. Les thermes, en effet, ne se limitent pas à un rôle hygiénique. Ils sont le lieu où corps et esprit se régénèrent et le siège de rapports sociaux et culturels intenses. A Vienne, sur la rive droite du Rhône, on a dénombré sept thermes urbains, aux dimensions parfois colossales. A Saint-Romain-en-Gal, dans les thermes des *Lutteurs*, les murs des latrines conservent le souvenir de la place fondamentale que cette civilisation accordait aux soins du corps et à l'exercice physique : des athlètes s'entraînant sous l'œil attentif de l'arbitre.

Les motifs qui se réfèrent aux olympiades civilisatrices, gages de paix et de prospérité apparaîssent également dans l'intimité de la maison. On célèbre héros et vainqueurs, dont les victoires font date dans le calendrier. Ainsi apparaissent les athlètes vainqueurs, entourant Hercule, le héros invincible, dans la pièce de réception de cette grande maison viennoise. Ils témoignent d'une profonde assimilation des valeurs de la civilisation romaine par les mentalités locales.

Mosaïque des *Athlètes vainqueurs*
Fin du IIe ou début du IIIe siècle après Jésus-Christ
7,40 x 6,04
Dépôt de la Ville de Vienne

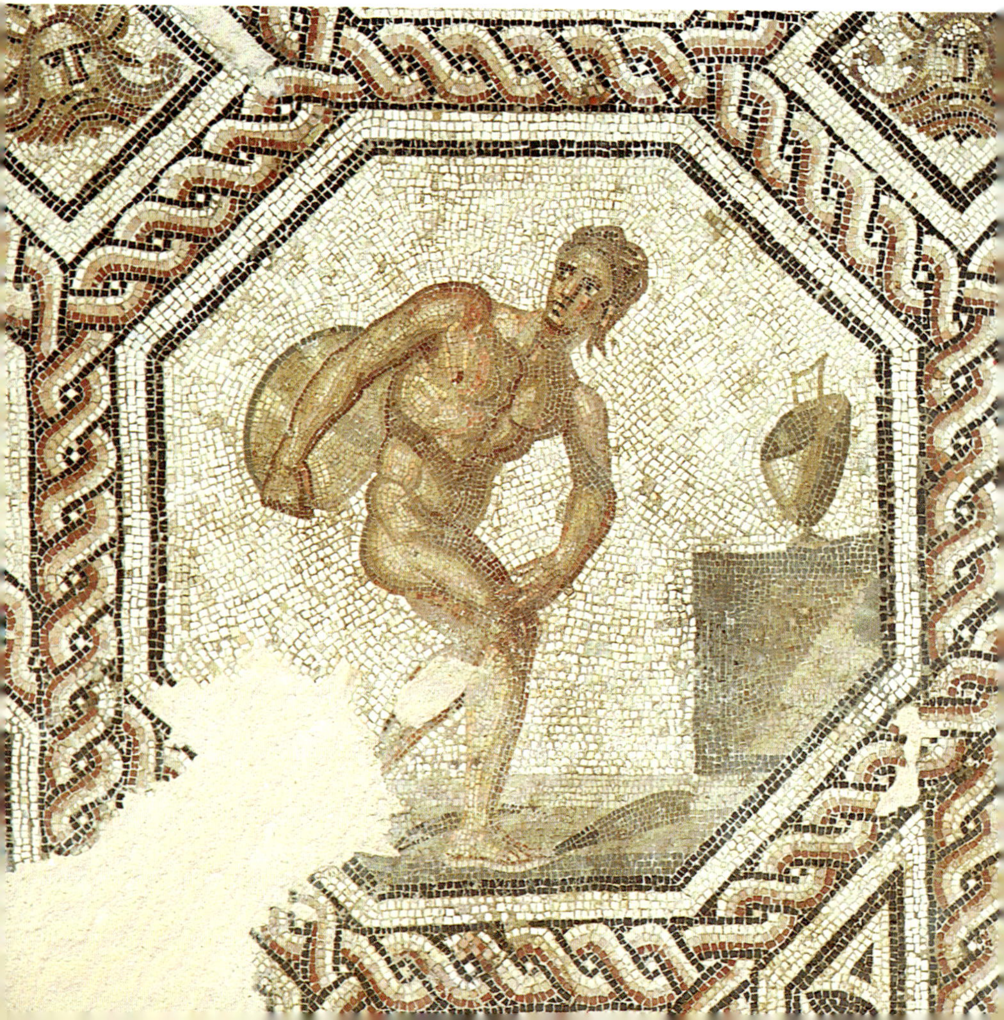

La mosaïque des *Athlètes vainqueurs* montre un sujet inspiré de la vie quotidienne : les concours athlétiques donnés dans un stade, un gymnase, ou dans le cirque lui-même. Malgré l'interdiction de ce type de concours sous Trajan, cette mosaïque atteste du goût des Viennois aisés pour les spectacles donnés lors des grandes fêtes qui comprenaient des concours athlétiques (*ludi gymnici*) et des représentations théâtrales (*ludi scaenici*).

La composition géométrique, matérialisée par des tresses, est complexe : un cercle est inscrit dans un carré, déterminant ainsi un disque et quatre écoinçons où se trouvent les bustes des Saisons. La partie centrale du disque est occupée par un octogone où l'on peut voir Hercule luttant contre le lion de Némée ; tout autour sont disposés en couronne huit autres octogones qui contiennent chacun un athlète nu différent. Les interstices de cette composition sont occupés par des carrés et des losanges ; les seize carrés de la périphérie contiennent des têtes de Dieux Océan et les huit médians des masques de théâtre.

Seuls quatre athlètes sont suffisamment bien conservés pour être facilement identifiables : un pugiliste coiffé d'un *cirrus* (calotte de cuir), un lutteur vu de dos, un discobole en mouvement, un coureur à pied tenant une palme dans la main gauche. Les autres sont très fragmentaires. On remarquera cependant un homme coiffé d'un casque à rebord, portant un ceste et une palme : il s'agit peut-être d'un cocher vainqueur à la course de char. A côté de chaque athlète est disposé le trophée récompensant sa victoire. Parmi les Saisons seules trois ont été conservées : l'*Été* sous les traits d'une femme couronnée de feuillage, d'épis et de fruits, une branche fleurie appuyée sur son épaule droite ; l'*Automne*, représenté par un homme ou une femme au buste massif, au visage rond et aux traits fins, portant un thyrse* sur l'épaule et une couronne de feuilles de vigne et de grappes de raisins et l'*Hiver* sous les traits d'une femme emmitouflée dans un manteau vert sombre, gris bleu et noir, une branche de pin sur l'épaule.

Découverte en 1991, cette fresque murale appartient au décor des latrines des thermes des *Lutteurs*. Ces latrines publiques, qui pouvaient accueillir quarante personnes, étaient luxueusement décorées de marbres et de peintures. La fresque ornait les trois parois placées au-dessus des sièges qui faisaient face à un bassin alimenté par cinq fontaines et entouré d'une colonnade de marbre. Les peintures ont été retrouvées sous la forme de fragments ayant glissés au pied des murs.

La fresque est composée d'une succession de tableaux réalistes, inscrits dans une architecture fictive. Des arcades symbolisent le portique qui entourait la palestre*. La plupart des scènes représentent deux athlètes nus qui s'affrontent dans les différents exercices du pentathlon : lutte à main nue, pugilat*, pancrace*, lancer du disque. Le dernier panneau est occupé par un personnage debout, vêtu d'une tunique et d'un manteau rouge : c'est l'arbitre (*agon*) ; il montre la sortie vers les thermes.

L'iconographie est en rapport direct avec les thermes, lieu traditionnel d'entraînement du corps mais aussi de l'esprit. Cette peinture et la mosaïque des *Athlètes vainqueurs* montrent l'intérêt que portaient les Viennois aux concours athlétiques, ce qui est confirmé par une lettre de Pline le Jeune* (fin du Ier siècle apr. J.-C.). Il rapporte une polémique à propos d'un concours d'athlétisme interdit à Vienne. Ces sports, d'origine grecque, continuaient d'être pratiqués dans l'Empire romain, malgré le jugement d'immoralité que portaient les contemporains sur la nudité des athlètes.

Peinture murale des thermes des *Lutteurs*
IIIe siècle après Jésus-Christ
5,15 x 1,56

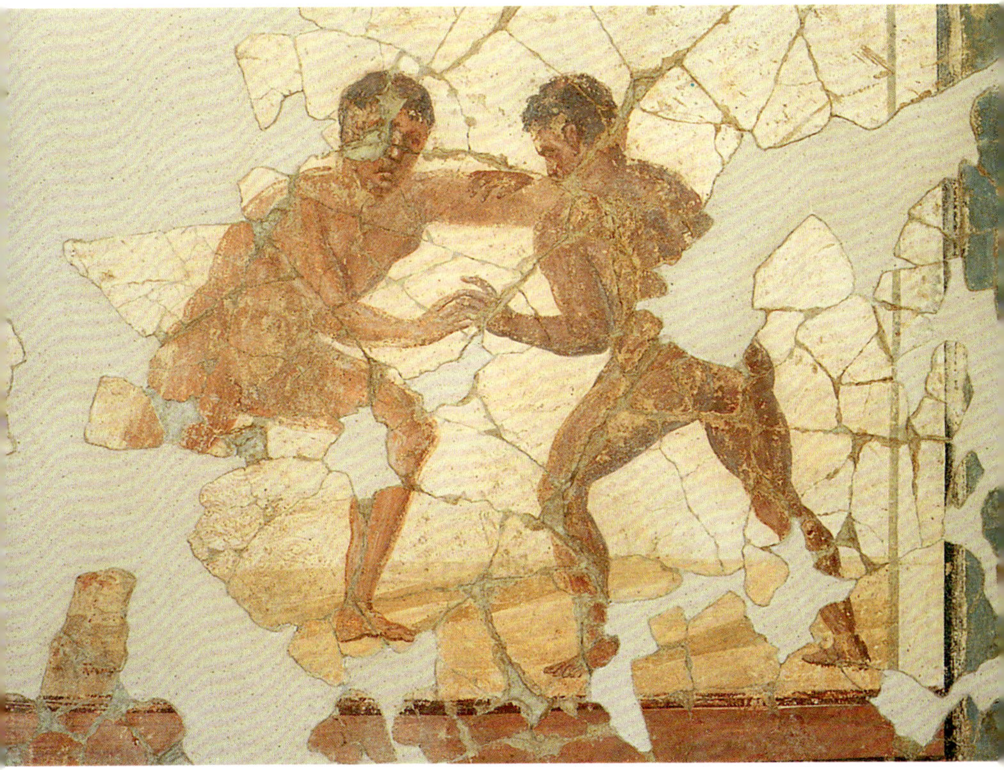

Vienne antique
Maquette réalisée par Frédéric Trouvé d'après des restitutions d'Anne Le Bot-Helly et Brigitte Sagnier
1,54 x 1,82 ; échelle 1/2000

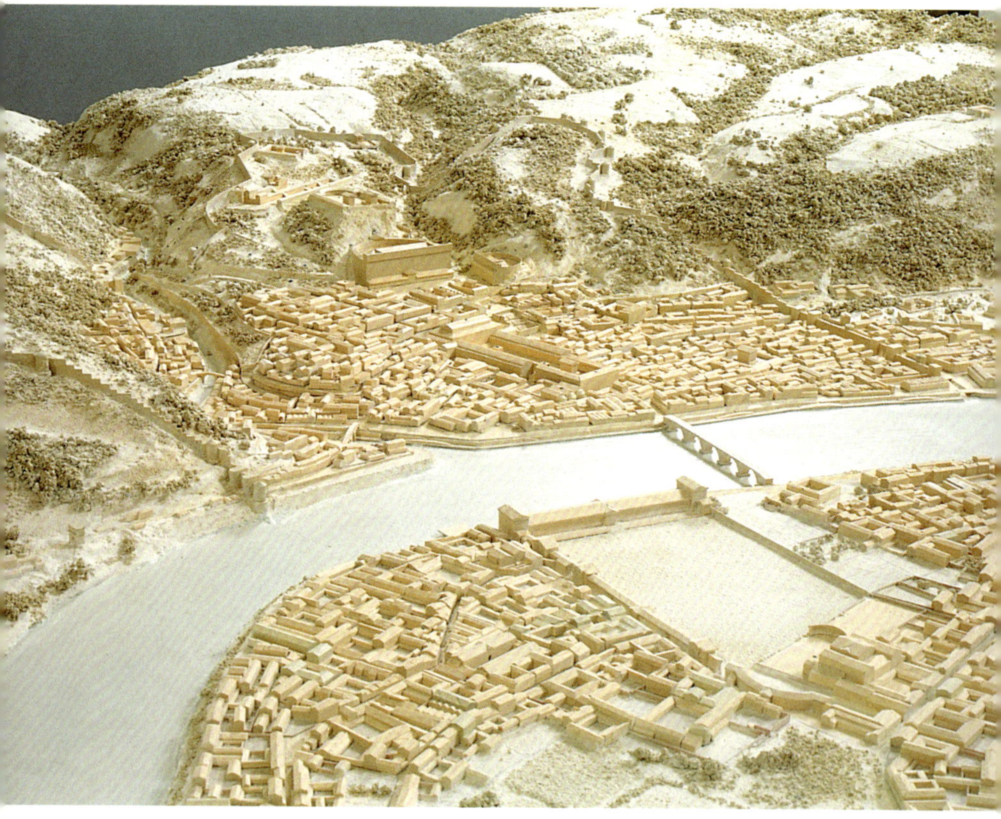

Pilotis en bois
Berges du Rhône à la hauteur du site de Saint-Romain-en-Gal
30 à 230 après Jésus-Christ
1,54 à 5,26

En 1974, les travaux de dragage du Rhône ont révélé un ensemble de pilotis et de madriers de chêne d'époque romaine conservés dans le lit du fleuve. Plus de 300 pièces de bois furent ainsi recueillies. La bonne conservation du bois, resté immergé à l'abri de l'air pendant près de 2 000 ans, a permis une datation dendrochronologique*. Celle-ci montre que la construction initiale fut réalisée avec des arbres abattus vers 30 apr. J.-C. et qu'elle fut complétée durant deux siècles (les arbres les plus récents ayant été abattus en 230 apr. J.-C.) par des rajouts successifs, que l'on peut interpréter comme autant de réparations.

Les conditions de la découverte ne permettent pas de connaître le plan précis de cette construction, cependant la concentration des pièces de bois en un seul ensemble et leur nature évoquent un aménagement de berge ou un appontement en relation avec la rue du *Portique*, par laquelle les produits déchargés étaient acheminés vers l'intérieur du quartier.

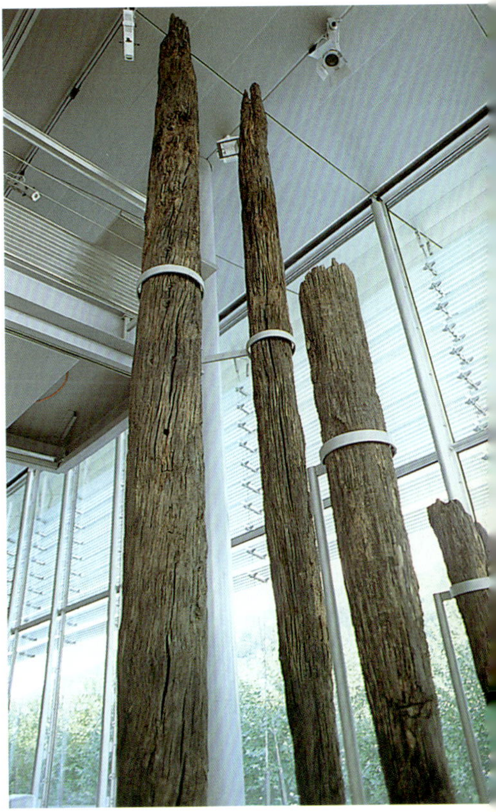

Vienne et la Méditerranée

Limite septentrionale de la Narbonnaise, Vienne est directement reliée au bassin méditerranéen par la vallée du Rhône. Cet axe majeur de l'Empire permet la circulation des marchandises entre les provinces du Nord et les provinces du Sud. Lyon constitue le point central de ce réseau. Les bateaux de mer remontent jusqu'en Arles. Au-delà, les inscriptions nous apprennent que le transport des marchandises est assuré sur le Rhône par de puissantes compagnies de navigation, les nautes, dont les bureaux sont à Lyon. Ainsi, arrivent par voie fluviale de l'huile d'olive, des conserves de poisson et du *garum* (sauce à base de poisson), du vin, des dattes et des figues, du grain et des olives. D'autres produits, comme les marbres, sont importés d'Italie, de Tunisie, d'Égypte, de Grèce et d'Asie Mineure. Des céramiques viennent de Tunisie. Une partie de ces denrées et matériaux est redistribuée depuis Vienne par voie terrestre. L'activité commerciale est à l'origine de la prospérité de la ville qui se manifeste par la richesse de ses monuments et de ses maisons particulières.

La nature des produits exportés nous échappe, mais les textes révèlent que le pays des Allobroges produit des textiles ainsi que du vin consommé jusqu'à Rome. En outre, on peut supposer que les immenses entrepôts du sud de la ville servaient à stocker temporairement une partie de l'impôt en nature prélevé par Rome et transitant par Vienne, en particulier les céréales, destinées à la consommation de la ville de Rome (*annone*).

Cette mosaïque fut découverte en 1981, lors des fouilles menées à l'emplacement de l'ancienne rue des *Colonnes* à Vienne.

Elle présente un tapis rectangulaire polychrome, à composition géométrique. Une tresse tricolore délimite des rectangles et des carrés ornés de fleurons ou de figures humaines. Les quatre compartiments carrés sont occupés par des bustes. Trois sont couronnés de feuillages et le quatrième porte un voile. On y voit généralement une allégorie des saisons. Le tableau central, encadré d'un double filet noir, représente deux personnages allongés sur un coude, l'un en face de l'autre. Ce sont des Dieux Fleuve identifiables à leur attribut : une urne renversée d'où s'échappe un filet d'eau.

Mosaïque des *Dieux fleuve*
Vienne
Début du IIIe siècle après Jésus-Christ
6,47 x 3,58
Dépôt de la Ville de Vienne

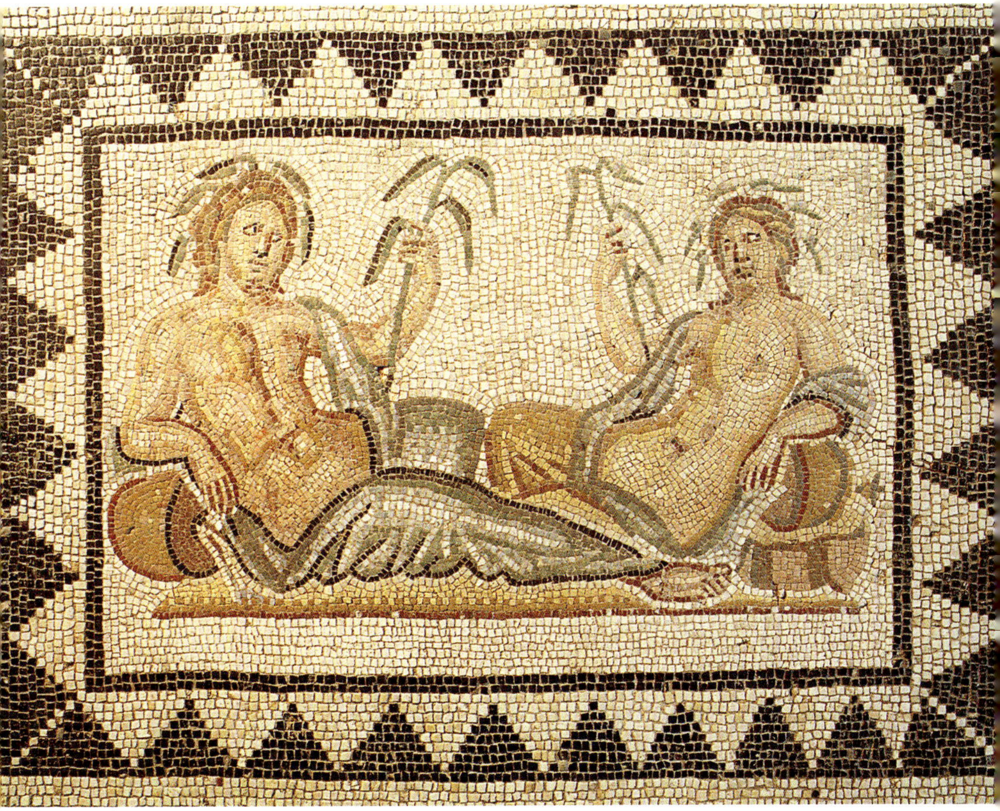

Piédestal de la statue de Frugus
Calcaire
0,60 x 0,37 x 1,90
Dépôt du musée de la Civilisation gallo-romaine, Lyon

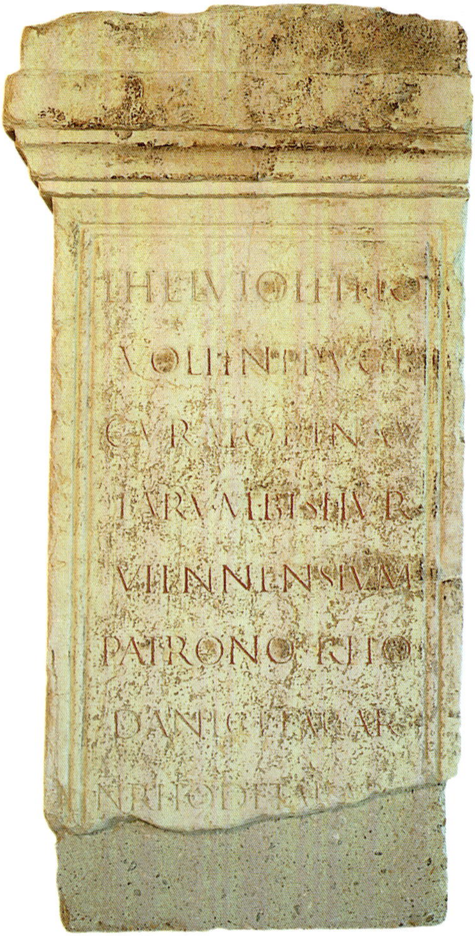

Ce piédestal de statue, découvert à Lyon et inscrit sur chacune de ses deux faces principales, mentionne le nom de Lucius Helvius Frugus, un Viennois curateur de la corporation des bateliers du Rhône et de la Saône.

Il représente un personnage important, puisque sa corporation l'a élevé au plus haut rang. Mais il a aussi été l'un des deux *duumviri* de la cité viennoise. Ces deux hommes, tels les consuls romains, étaient chargés de rendre la justice, de diriger les finances et de convoquer les assemblées des décurions élus tous les cinq ans. Il est donc clair qu'à des honneurs professionnels renouvelés témoignant d'une activité d'envergure dans les transports, Frugus a ajouté des responsabilités politiques locales en dirigeant la cité de Vienne.

L.Helvio.L(uch).filio / A Lucius Helvius Frugus, fils
Voltin(ia) Frugi / de Lucius de la tribu Voltinia
curatori.nau / Curateur des bateliers
tarum.bis / deux fois
II vir. Viennen / *duumvir*
sium / des Viennois
patrono.Rho / Patron des bateliers du Rhône
danicorum / et de la Saône
et Araricor(um)/ Les bateliers du Rhône
n(auta) Rhod (anici) et / et de la Saône,
Arar(ici) / emplacement donné
l(ocus) d(atus) d(ecreto) / par décret
n(autarum) Rhod / des nautes du Rhône
(anicorum) / (et de la Saône)
(et Araricorum) / (ont élevé cette statue)

Épitaphe de Decimanus
Calcaire
0,75 x 0,51 x 1,51
Dépôt du musée de la Civilisation gallo-romaine, Lyon

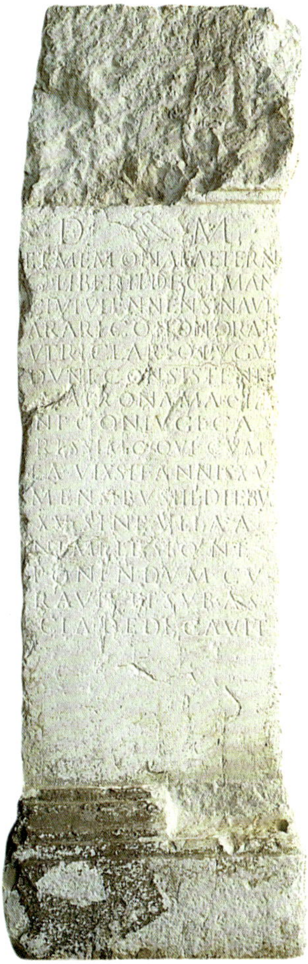

Cette inscription a été découverte à Lyon en 1884. Elle mentionne Decimanus, un Viennois, batelier de la Saône, qui était *honoratus*, c'est-à-dire qui avait reçu les honneurs de sa corporation, celle des nautes. Le terme *utriculario* peut signifier deux choses : soit qu'il était fabricant d'outres servant à transporter les produits, soit plus probablement qu'il employait des outres pour construire les radeaux utilisés pour la navigation fluviale.

d(iis) m(anibus) / Aux dieux Mânes
et memoriae aetern (ae) / et à la mémoire éternelle
G.Liberti Deciman(i) / de Gaius Libertius Decimanus,
civi viennens(i) naut(ae) / citoyen viennois, batelier
Ararico honorato / de la Saône, promu aux honneurs
utriculario lugu / utriculaire
duni consistenti / demeurant à Lyon
matrona Marcia / Matrona, femme
ni conivgi ca / de Marcianus, à son époux
rissimo qui cum / très cher qui a vécu
ea vixit annis XVI / avec elle seize ans,
mensibus III diebus / trois mois, quinze jours
XV sine ulla a / sans lui avoir
nimi lesione / causé aucune peine
ponendum cu / s'est occupée d'élever
ravit et sub as / (ce tombeau) et l'a dédié
cia dedicavit / sous l'ascia.

Bateau de transport
reconstitué par Jean-Marie Gassend
d'après un modèle original fouillé à Toulon
6,44 x 2,06

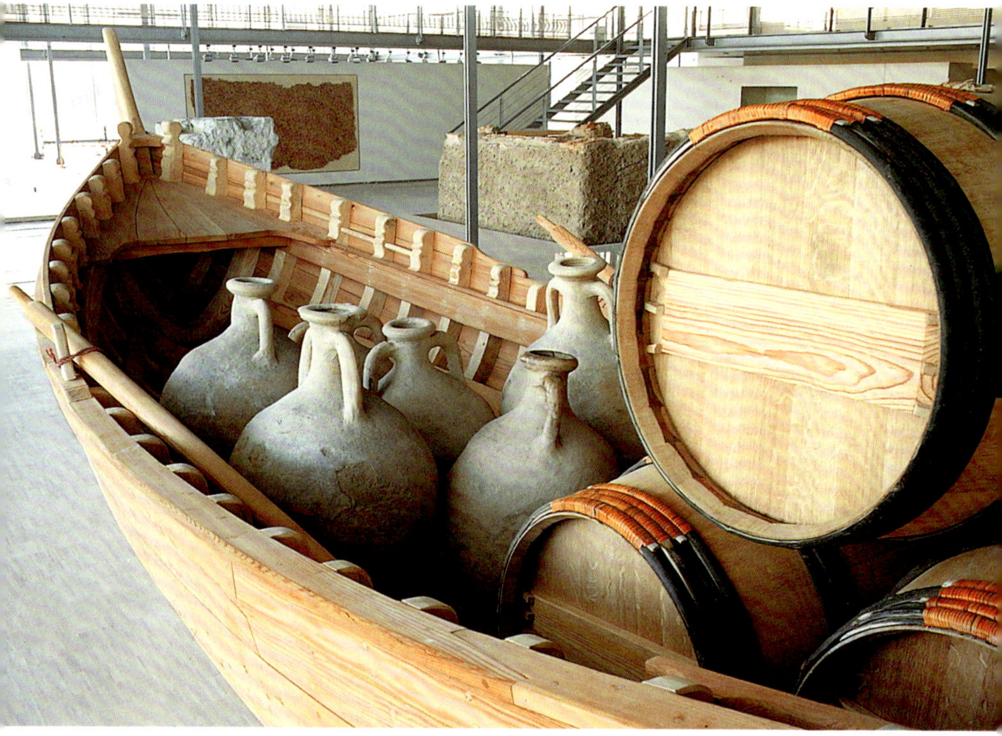

Les exportations
Il est difficile de connaître avec précision les produits exportés depuis Vienne, car ils n'ont laissé aucune trace archéologique. Seuls les textes nous apportent quelques indications : les auteurs anciens mentionnent que les Allobroges produisaient du blé et du vin ainsi que des textiles. Pline l'Ancien* indique que le blé ordinaire (*siligo*), « le plus délicieux des blés, qui fournit le plus beau pain » était cultivé dans la région.

Amphores
Grâce à sa situation de carrefour, et à l'importance de la navigation sur le Rhône, Vienne avait un commerce prospère. Aujourd'hui, malgré la disparition de la plupart des produits transportés, la présence de contenants comme les amphores nous renseigne sur les importations. Les amphores étaient des récipients en terre cuite, à usage unique, fabriqués en série et très peu coûteux. Elles étaient destinées au transport de certaines denrées alimentaires (vin, huile ou *garum*). Leur forme variait selon la nature de ces produits et leur origine (Gaule, Italie, Espagne, Afrique, Orient). Elles comportaient parfois des estampilles mentionnant le nom du fabricant. L'*amphore* désignait également l'unité qui servait à mesurer le tonnage des marchandises transportées par bateau.

Outres et tonneaux
D'autres contenants, comme les outres en cuir et les tonneaux en bois, servant à transporter des boissons ne se sont pas conservés. Le tonneau est une invention des Gaulois, qui l'utilisaient déjà avant la conquête romaine pour le transport de la bière. Après la conquête, il servit également au transport du vin, comme l'attestent textes et représentations figurées. Des vins, acheminés en vrac, en tonneaux ou en *dolia* (grand récipient de terre cuite pouvant contenir un millier de litres), étaient probablement conditionnés dans des amphores pour être vendus au détail.

L'huile d'olive
Du Ier siècle au début du IIIe siècle apr. J.-C., c'est la province de Bétique (Andalousie) qui fournissait l'essentiel de l'huile importée à Vienne. A partir du IIIe siècle, l'huile était également importée d'Afrique. Ce commerce était géré par une corporation de marchands, connue à Lyon par une inscription (*diffusores olearii ex Baetica*). L'huile était conditionnée dans des amphores globulaires, qui, une fois pleines, pesaient près de 100 kilogrammes. Des conditions de conservation exceptionnelles permettent parfois de retrouver les inscriptions peintes sur l'amphore ; elles indiquaient le poids de l'huile, son origine et le nom du transporteur.

Le vin
Il était produit sur tous les rivages de la Méditerranée et son commerce était très actif. Certains crus réputés pouvaient atteindre des prix élevés. Le vin allobroge était très apprécié des gourmets. C'était le *picatum* (de *pix*, la poix) célèbre pour son goût naturel de poix, issu d'un cépage cultivé localement, l'*allobrogicum*. Ce vin a été cité par plusieurs auteurs, dont le poète Martial*. Les vins d'Italie, importés en Gaule dès avant la conquête romaine, provenaient surtout de la côte Tyrrhénienne, d'Étrurie et de Campanie. Dans les *Petits entrepôts* de Saint-Romain-en-Gal, de nombreux tessons d'amphores ayant contenu du vin de Sorrente sont datés du IIe siècle après J.-C. Plusieurs portent des inscriptions qui mentionnent le nom des consuls qui étaient en fonction l'année de la récolte (124 apr. J.-C.), ainsi

que la nature du cru, l'*amineum*, un des plus réputés d'Italie. Dès la fin du Ier siècle av. J.-C., la Bétique et la Tarraconaise (région de Barcelone) exportèrent des vins de consommation courante et les îles de Rhodes et de Cos des vins fins en petite quantité. Dès la fin du Ve siècle av. J.-C., la colonie grecque de Marseille produisit du vin, diffusé sur tout le littoral, de l'Italie à l'Espagne. A partir du milieu du Ier siècle apr. J.-C., la viticulture se développa dans la basse vallée du Rhône, le Languedoc et la Provence. Le vin produit en Gaule était généralement conditionné dans des amphores à fond plat. Il existait de nombreux produits à base de vin, issus de diverses régions : *mulsum* (vin miellé), *passum* (vin doux préparé avec des raisins séchés au soleil), *defrutum* et *sapa* (vins cuits).

Conserves et sauces de poisson

Des poissons conservés dans la saumure et du *garum* étaient également importés dans des amphores. Le *garum* ou *liquamen*, la liqueur de poisson, équivalent du nuoc-mâm, était un produit très apprécié. Importé de la péninsule ibérique, en particulier de Bétique et de Tarraconaise, il était produit par macération de poissons de mer avec des herbes aromatiques. Le meilleur *garum* était préparé avec des maquereaux. Son prix était élevé. Les textes, ainsi les recettes d'Apicius*, indiquent qu'il était très utilisé comme condiment dans des plats salés ou sucrés.

Les produits périssables

De nombreux produits périssables comme les condiments et les épices devaient être également importés. Les textes nous indiquent qu'ils étaient très utilisés à Rome et devaient faire en Gaule l'objet d'un commerce actif. Le sel venait de la région de Narbonne, d'Espagne ou de Bretagne. Des épices coûteuses comme le poivre, le gingembre, la coriandre et le carvi étaient importées d'Orient.

Les petits produits importés

La vaisselle de terre cuite, retrouvée en abondance, a de multiples origines : Gaule, Italie, Espagne, Afrique... De tels objets révèlent des courants commerciaux plus importants, car ils accompagnaient d'autres produits aujourd'hui disparus. Ainsi, des coupes et bols en céramique à vernis noir devaient être transportés avec des cargaisons de vin importées d'Italie, jusqu'au milieu du Ier siècle av. J.-C. C'est également le cas de vases à boire très fins, produits en Espagne (Ier siècle apr. J.-C.), ou de céramiques fines d'Afrique du Nord (IIe siècle apr. J.-C.). L'étude des formes et des décors, l'analyse physico-chimique des pâtes permettent de retrouver la provenance des vases. Les ateliers de potiers du sud et du centre de la Gaule produisaient aux Ier et IIe siècles apr. J.-C. de la vaisselle de table à vernis rouge diffusée dans tout le monde romain. Dès la fin du Ier siècle av. J.-C., l'arrivée de plats à four du sud de l'Italie montre le développement en Gaule de pratiques culinaires romaines. Des plats à cuire et des marmites, produits en Tunisie, sont également importés pour leur qualité de "terre à feu" au IIe siècle apr. J.-C.

Les entrepôts de Vienne
Maquette réalisée par Frédéric Trouvé
d'après une restitution d'Anne Le Bot-Helly
et Brigitte Sagnier
3,92 x 2,12 ; échelle 1/100

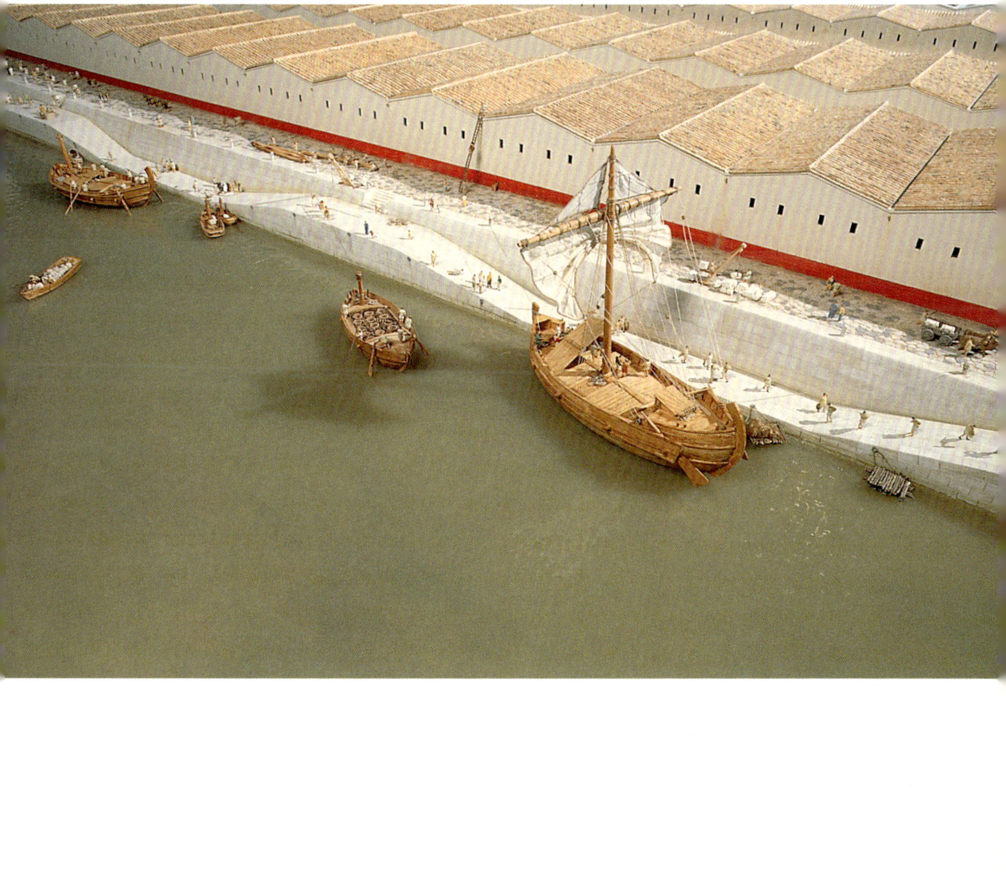

Dépôt de céramiques
Vienne
Ier siècle avant Jésus-Christ
Dépôt de la Ville de Vienne

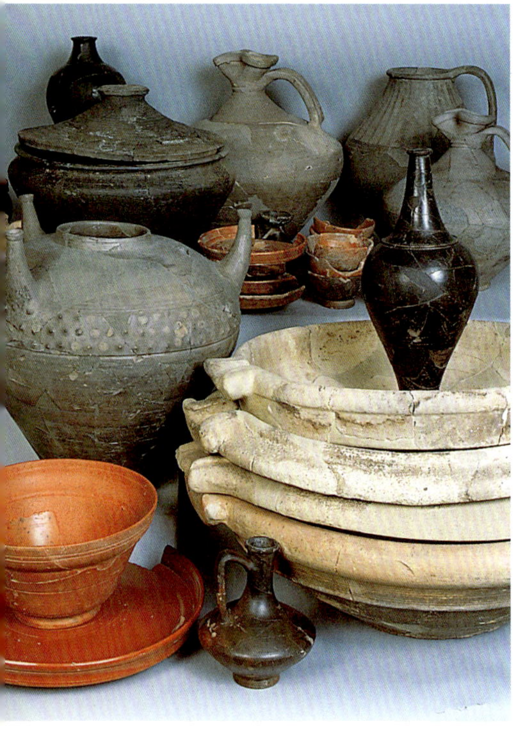

Une fouille menée dans des caves de la rue de Bourgogne, à Vienne, a mis au jour une importante réserve de céramiques détruite par le feu. La diversité des céramiques rassemblées, provenant de Vienne, de Lyon, de Gaule et d'ailleurs, laisse supposer qu'il s'agit d'un local commercial, peut-être une boutique.

Milliaire de Solaise
43 après Jésus-Christ
Moulage, l'original en calcaire dur du Bugey se trouve à Solaise
2,27 x d. 0,62

Les routes terrestres de l'Empire romain étaient jalonnées de bornes dites milliaires, du nom de l'unité de longueur, le mille romain, égal à mille pas *(mille passus)* soit 1 480 m.

La plus ancienne borne milliaire connue sur le tracé de la route qui emprunte la rive gauche du Rhône entre Vienne et Lyon, une route traditionnellement considérée comme le *compendium* (raccourci), a été retrouvée à Solaise. Son inscription permet de la dater très précisément du règne de l'empereur Claude, mais il est possible que la route soit plus ancienne.

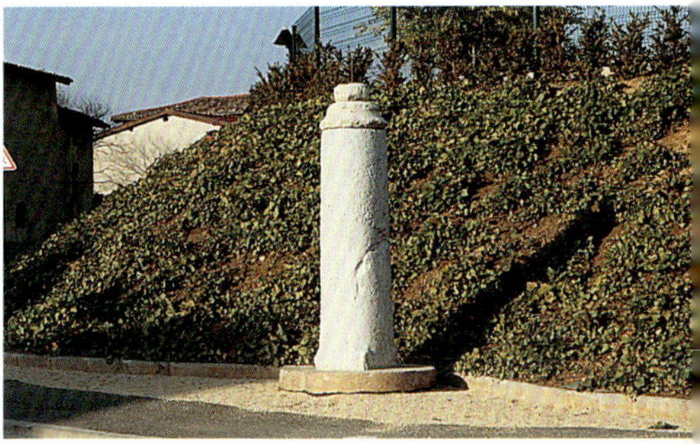

Ti(berius) Claudi Drusi f (ilius) /
Tibère Claude, fils de Drusus
Caesar August(us) / César, Auguste,
Germanicus / Germanicus,
pont(ifex) max(imus) tr(ibunicia) pot(estate) III /
grand pontife, ayant reçu la puissance tribunicienne
imp(erator) III co(n)s(ul) III p(ater) p(atriae) /
et le titre d'*imperator* (général vainqueur) pour la troisième fois, consul pour la troisième fois, père de la patrie,
(millia passuum) VII / sept mille pas

Le milliaire est situé à un carrefour à l'entrée du village de Solaise, mais il n'est pas certain que ce soit là son emplacement d'origine. La distance de 7 milles équivaut à 10,5 km. Si elle était comptée depuis Vienne, cela prouverait un déplacement du milliaire vers le Nord, puisque Solaise est à 14 km de Vienne.

Artisans et commerçants

Les produits manufacturés occupent une place importante dans la vie quotidienne. Parfois, le travail artisanal se confond avec la production familiale : les femmes filent, tissent et confectionnent les vêtements dans le cadre de leur activité domestique. D'autres métiers ont pignon sur rue et proposent des services spécialisés, souvent liés à une chaîne artisanale : l'ébéniste qui travaille l'os pour en plaquer les meubles s'approvisionne chez le boucher, qui sélectionne sa matière première.

La céramique est l'une des activités artisanales les mieux connues en raison de la bonne conservation de ce matériau. Elle permet la réalisation d'objets aux multiples fonctions : matériaux de construction, revêtement de sol, conservation et transport des denrées, plats de cuisson, vaisselle, lampes, accessoires du textile. Ces produits sont fabriqués et commercialisés localement, sur le territoire des Allobroges. D'autres productions découvertes à Vienne sont importées en masse du sud de la Gaule, plus rarement d'Italie, d'Afrique, voire d'Égypte.

Le réseau d'adduction d'eau souligne l'activité d'un autre corps de métier : les plombiers. Ils nous ont laissé, coulés dans le plomb de leurs tuyaux, leur nom et l'abréviation *V F* : *Viennae fecit* (fait à Vienne).

Si maçons, plombiers, potiers ont laissé de nombreuses traces, celles d'autres professions dont les productions étaient périssables (bois, osier, cuir, tissus, etc.) ont disparu. Seuls des textes ou des représentations iconographiques nous renseignent sur leur importance dans l'économie.

Enfin, les fouilles attestent d'une large gamme de services tels ceux des teinturiers et foulons*, dont l'activité exigeait un local spécialisé. A l'image d'autres villes antiques, on imagine de nombreuses tavernes et débits de boissons dans le tissu artisanal que composent boulangers, épiciers, bouchers...

Le quartier artisanal de Saint-Romain-en-Gal
Maquette réalisée par Frédéric Trouvé
d'après des restitutions d'Anne-Marie Clappier
et de l'équipe archéologique départementale.
La maquette représente le secteur artisanal
et commercial situé au carrefour de la rue
du *Commerce* et de la rue des *Thermes*.
1,14 x 0,94
Échelle 1/100

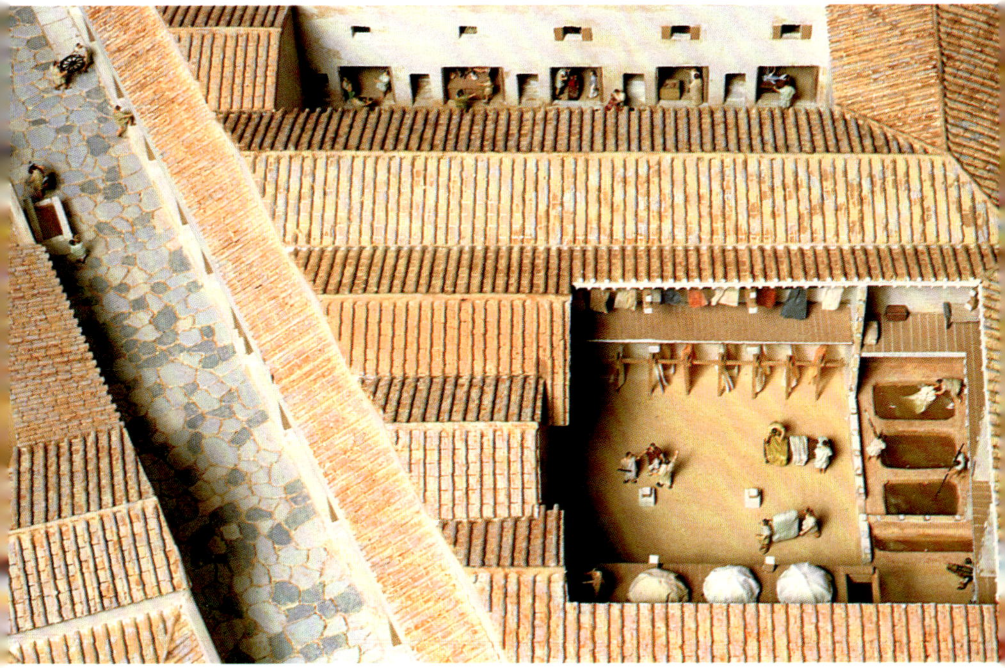

Le four de potiers de Saint-Romain-en-Gal
Ier siècle après Jésus-Christ
3,25 x 3,20 x 1,30

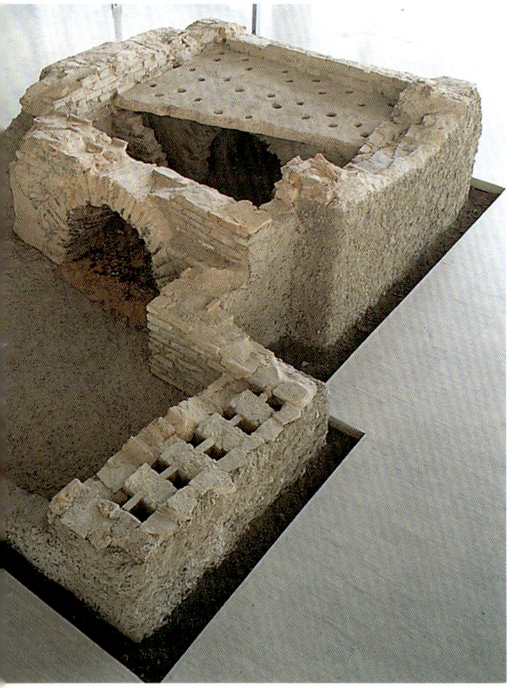

Les travaux de drainage réalisés en 1977 par la Compagnie Nationale du Rhône, un peu au nord du site classé, ont révélé un atelier de potier du Ier siècle apr. J.-C. qui comprenait au moins 12 fours qui n'ont pas tous fonctionné en même temps. Il produisait des céramiques communes à pâte claire, en majorité des cruches et des pots, mais aussi, en quantité moindre, des mortiers, des grandes jattes, des récipients semblables à des saloirs et des bougeoirs.

Les premiers fours à céramique réunissaient, dans un même espace clos, le foyer et la charge à cuire, avec une ouverture à la base pour l'alimentation du feu, et une autre au sommet pour l'évacuation des gaz de combustion. Dans ce modèle primitif, la chaleur n'était pas répartie de manière homogène et les accidents de cuisson étaient nombreux. Une structure moins rudimentaire, apparue dès le IVe millénaire en Orient, permit de limiter ces inconvénients. Le four était séparé en deux espaces superposés par un niveau intermédiaire perforé, la sole. La partie inférieure constituait la chambre de chauffe ; la partie supérieure, le laboratoire, contenait la charge à cuire. Le foyer était allumé à l'entrée d'un tunnel (l'alandier), qui débouchait dans la chambre de chauffe. Selon la taille du four, les braises étaient poussées vers l'intérieur, où le feu restait simplement entretenu dans l'alandier, construit en légère pente de manière à conduire le flux de chaleur vers la chambre de chauffe. Les gaz de combustion s'y répartissaient avant de s'élever par les perforations de la sole, les carneaux, et de s'évacuer par des orifices ménagés dans la couverture du four. Ils traversaient ainsi de manière plus homogène le laboratoire, et les poteries ne se trouvaient plus au contact direct du foyer.

Un troisième type de four isolait totalement la fournée à cuire des gaz de combustion, qui traversaient le laboratoire dans des tubulures débouchant directement sur l'extérieur. La chaleur était alors uniquement transmise par rayonnement, l'atmosphère du laboratoire était stable et ne dépendait plus des conditions de la combustion.

Ce modèle, apparu à l'époque romaine, restait réservé à des productions particulières comme celle des céramiques sigillées*. Les fours les plus répandus dans toute l'antiquité romaine étaient les fours de second type.

Lagène
1er siècle après Jésus-Christ
h. 0,56 d. 0,25

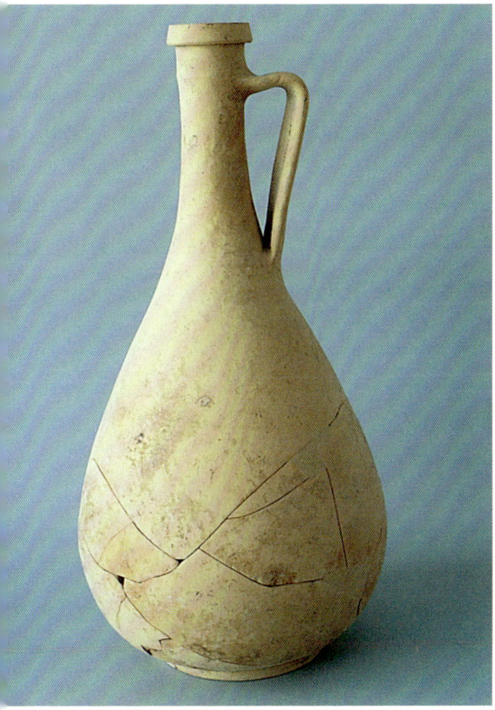

Dès son origine, vers 20 av. J.-C., le quartier de Saint-Romain-en-Gal apparaît comme un centre de production de vaisselle de terre cuite. Les traces de plusieurs ateliers ont été retrouvées disséminées sur toute la plaine, en particulier sous la forme de rebuts de cuisson.

L'originalité du site est d'associer deux types de production : l'une de tradition gauloise : pots à cuire et écuelles en céramique grise modelée, bols peints ; l'autre de tradition italique : imitations de céramiques sigillées* et gobelets à parois fines dont les formes et les techniques sont issues de l'Italie centrale. C'est avec Lyon l'un des lieux où l'on trouve le plus tôt de telles céramiques produites hors d'Italie. A ces deux productions correspondent des répertoires de formes et des choix technologiques différents, qui s'expriment dans la sélection des argiles, les modes de façonnage, la nature des vernis, les modes de cuisson...

Comme à Lyon, la fabrication des céramiques fines est abandonnée à partir du début du Ier siècle apr. J.-C., alors que se développent de grands ateliers dans le sud de la Gaule. Seuls subsistent sur le site des ateliers produisant des céramiques communes de couleur claire, en particulier des cruches.

Métier à tisser
reconstitué par Gilles Baudvin
d'après une restitution de M'hammed Behel.
Les pesons en terre cuite sont authentiques,
hêtre et fils de lin
1 x 0,80

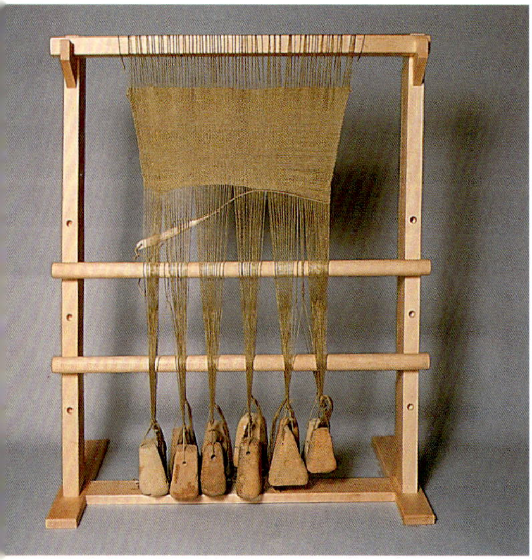

Le lin et la laine sont les deux principales matières premières utilisées pour le textile, le chanvre servant à la fabrication des cordes. Le coton et la soie sont importés. La laine brute est lavée et dégraissée. Le lin et le chanvre sont mis à macérer pour libérer les fibres (rouissage). Les fibres sont ensuite démêlées à l'aide d'un peigne (cardage) pour être filées. Ces opérations sont réalisées dans des exploitations agricoles dispersées dans la campagne. Le filage est un travail essentiellement féminin et l'un des symboles des vertus de la matrone romaine. Le fil est ensuite livré à des artisans spécialisés regroupés dans des quartiers urbains, comme à Saint-Romain-en-Gal, pour être transformé.

Le tissage nécessite l'utilisation d'un métier qui peut être vertical ou horizontal suivant la nature du tissu désiré (toile de lin et drap de laine ou ruban et courroie). Les fils peuvent également être noués pour confectionner des filets ou groupés et tordus pour la fabrication des cordages. Le tissage était une activité très féminisée, le salaire journalier d'une tisseuse en vêtements de laine était fixé à douze deniers communs, par l'édit du Maximum* au IIIe siècle.

L'étoffe est ensuite préparée dans l'atelier des foulons* et des teinturiers avant d'être vendue ou fournie au tailleur. Au Bas-Empire ce commerce est géré par l'État : un *procurator linyfiorum*, officier chargé de la gestion des ateliers impériaux de fabrication des toiles de lin, est installé à Vienne.

Épingles

os

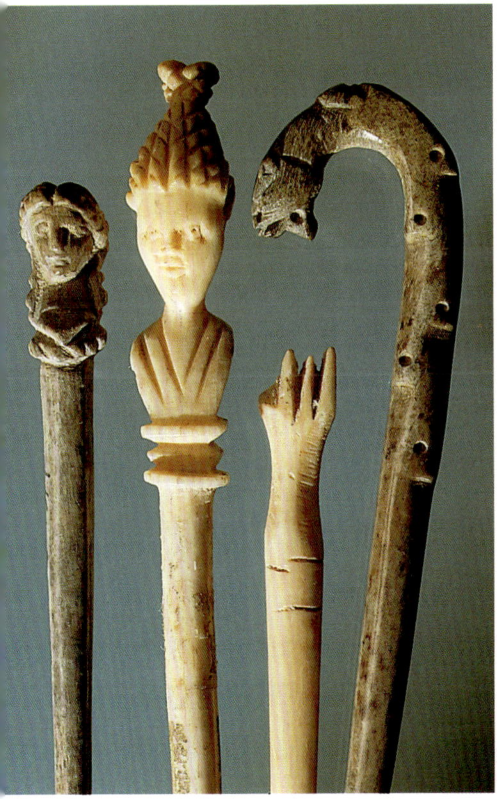

Spécialisé en Gaule romaine dans la fabrication d'objets à partir d'os d'animaux, le tabletier a surtout besoin des os longs des pattes (les métapodes), prélevés sur des bovins. Chaque animal abattu ne fournit que quelques dizaines de centimètres utilisables.

Les os de boucherie sont placés, pendant une vingtaine de jours au moins, dans un bac de chaux vive, afin que ne subsiste que la partie osseuse.

Les outils que le tabletier emploie sont peu nombreux. Une scie lui permet de débiter les os ; à l'aide du ciseau et du maillet, il effectue la plupart des découpes longitudinales, celles, notamment qui lui fournissent les baguettes d'où il façonnera des épingles et des aiguilles. Un perçoir à archet suffit à faire les trous d'aiguille ou d'éléments de charnière.

Le polissage est nécessaire quand les objets ont été façonnés au couteau et au ciseau. Des polissoirs de pierre à grain fin associés à des objets d'os en cours de fabrication ont été retrouvés sur quelques sites archéologiques. Ils ont pu servir, par exemple, à appointer des épingles ou des aiguilles.

Tuyau portant une inscription impériale
Début du IIIe siècle après Jésus-Christ
0,90 x d. 0,22
Don de Jacques Sciandra

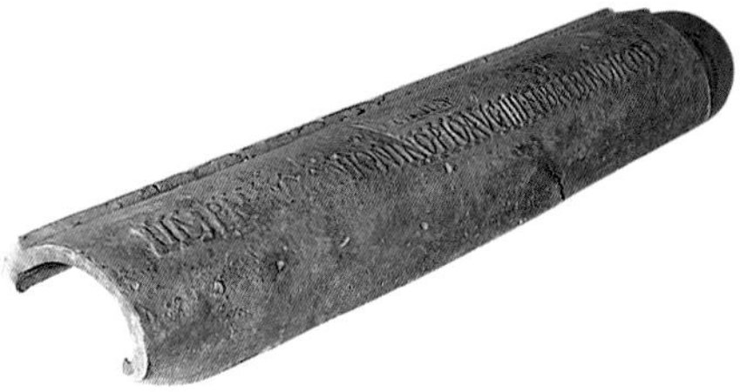

Sur le site, des canalisations de plomb formées de tuyaux assemblés acheminaient l'eau dans chaque maison. Chaque tuyau était fabriqué à partir d'une feuille de plomb, obtenue par coulée sur sable ; la feuille était cintrée pour former un cylindre et les bords rapprochés étaient soudés pour achever le tuyau. Le cintrage produisait des formes plus ou moins circulaires ; il était plus difficile pour les petites sections qui comportaient toujours, au voisinage de la soudure, des pans presque plats formant un angle aigu. La soudure pouvait être obtenue par la coulée de métal liquide (métal d'apport) pour former un cordon reliant les deux bords à assembler ou par fusion des deux bords à assembler l'un contre l'autre, sans métal d'apport. Les tuyaux étaient assemblés bout à bout de diverses manières, le plus souvent par emboîtement recouvert d'un manchon de plomb coulé sur place ou d'un nœud de soudure à l'étain (alliage de plomb et étain) pour former une "jonction en olive".

Le moulage permettait de faire figurer sur la surface du métal des inscriptions ou des motifs décoratifs dont l'empreinte était imprimée en creux dans le sable de fonderie à l'aide de petites "plaques-modèles".

Le décor

Les façades des maisons romaines, souvent austères et aveugles, masquent un intérieur abondamment décoré. Tous les lieux de la vie quotidienne sont ornés : salles de réception, salles à manger et salons, chambres et même les murs des jardins, sous les portiques. Sols, murs et plafonds se couvrent de décors aux modèles venus d'Italie, qui cèdent progressivement la place aux réalisations locales.

Le décor des murs repose sur une composition en trois parties, plinthe, panneau médian et frise supérieure, qui correspondent aux proportions de la pièce. Les motifs de ces peintures, avec leur profusion de couleurs, sont adaptés à la nature du lieu, et les représentations d'animaux fantastiques — chimères, sphinges, monstres — le disputent parfois aux motifs végétaux. Aux couleurs vives des fresques murales sont associées bientôt les veines des placages de marbre. Le décor confère une allure monumentale aux intérieurs et occupe une place prépondérante dans la maison : lambris, pilastre, colonne, pavement, mobilier... Mais les difficultés d'approvisionnement ou les mesures d'économie amènent aussi à peindre, sur les murs, des faux marbres qui entretiennent l'illusion de sa noblesse.

Ce sont les sols, faits de mosaïques, qui résistent le mieux au temps. Les décors figurés livrent une multitude d'images. Scènes bucoliques et mythologiques aux valeurs héroïques ou religieuses décorent de vastes salles de réception. A Vienne, le dieu Océan, l'Énéide, l'enlèvement d'Hylas et Orphée comptent parmi les plus marquants. De nombreuses représentations d'animaux, domestiques ou sauvages, provenant de nos contrées ou d'Afrique, gibiers à poil ou à plume peuplent aussi les pièces d'habitation.

Si ces images possèdent d'indéniables vertus décoratives, elles sont également éducatives. Elles suscitent entre adultes de multiples commentaires. Les choix des décors ne sont donc pas innocents. Ils sont le reflet des convictions et des goûts de leurs commanditaires.

Mosaïque au *Bouclier*
Vienne
IIe siècle après Jésus-Christ
4,63 x 5,39
Dépôt de la Ville de Vienne

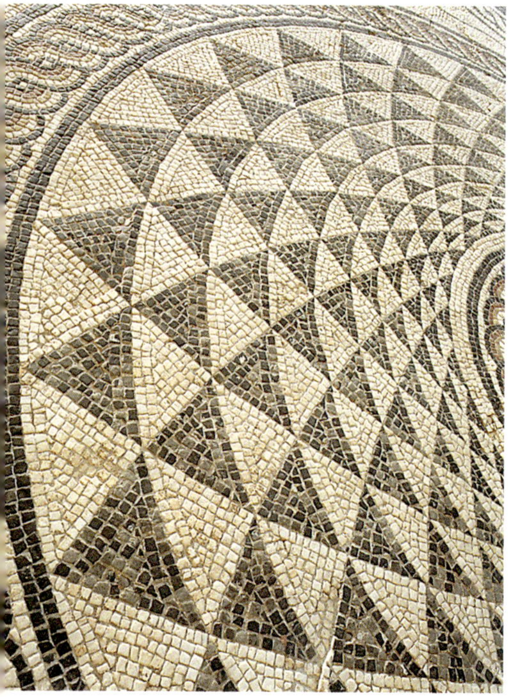

Cette mosaïque provient d'une maison découverte à Vienne en 1977-78, lors d'une opération immobilière, à l'emplacement de l'ancienne rue des *Colonnes*. Elle présente la particularité d'avoir été recouverte par une mosaïque plus petite dite aux *Masques*, dont l'installation a rehaussé le niveau du sol. La surface de la pièce a été rétrécie par un découpage périphérique du *tessellatum**, ménageant un espace pour renforcer l'étanchéité des murs.

L'appellation mosaïque au *Bouclier* provient du décor central : un ensemble de triangles curvilignes alternativement noirs et blancs, déterminés par les intersections de cercles concentriques et de spirales issues d'un disque central contenant un fleuron. L'intérêt particulier du graphisme réside ici dans l'effet cinétique produit par les triangles, quand on se déplace dans la pièce. Les écoinçons sont ornés d'un cep de vigne et d'une touffe d'acanthe, avec des rinceaux* dont la jonction au côté nord-ouest s'effectue par l'intermédiaire d'un personnage à jupe de feuillage, qui tient une volute de rinceau dans chaque main.

Le décor de cette mosaïque est caractéristique des mosaïques italiques du Ier siècle apr. J.-C., mais à Vienne, elle date probablement du début du IIe siècle.

Mosaïque aux *Pannetons de clef*
Maison aux *Poissons*
Première moitié du IIe siècle après Jésus-Christ
2,09 x 7,14

Cette mosaïque en tesselles* noires et blanches, découverte en 1944, correspond au dernier sol d'une pièce de la Maison aux *Poissons*, vaste demeure mitoyenne de la Maison aux *Colonnes*. La salle ouvre sur un péristyle* et comporte un premier tapis, blanc, au contact du seuil. Une bande de raccord blanche semée de croisettes lie le premier tapis au second, présenté ici et relié aux murs par des bandes de même nature. Le champ est délimité par un filet noir et couvert d'un méandre de svastikas* formant des pannetons de clef*. Chaque haste* reçoit le même motif de remplissage : un losange terminé aux angles aigus par des peltes* à volutes.

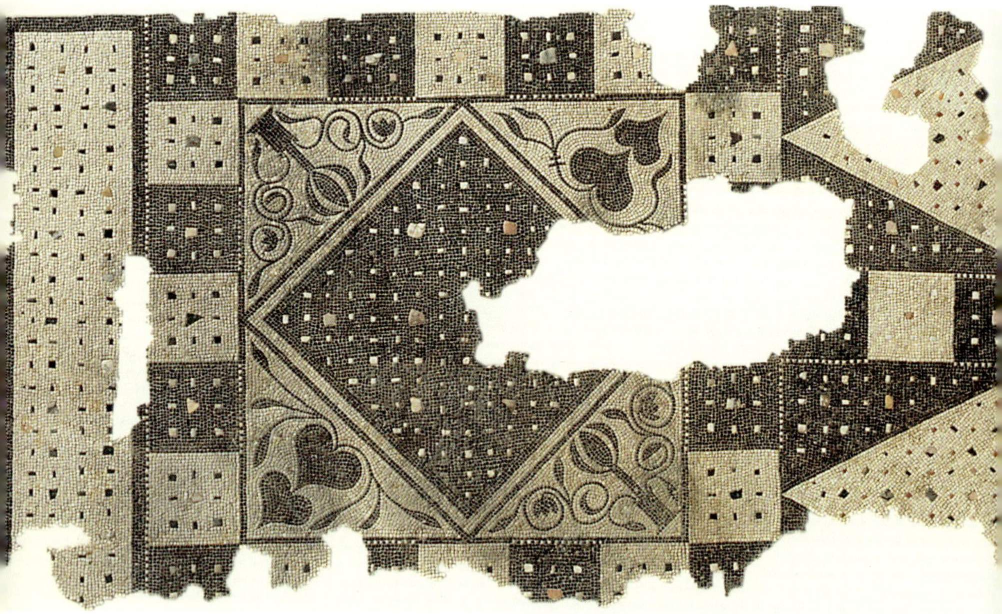

Mosaïque aux *Losanges et crustae*
Maison à la *Colombe*
Début du IIIe siècle après Jésus-Christ
4 x 6,02

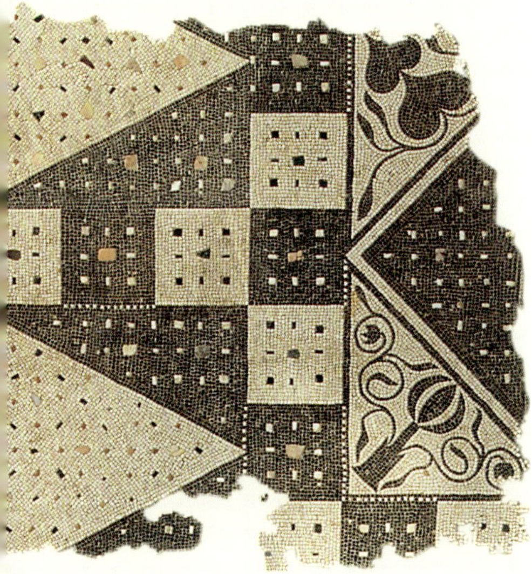

Ce pavement à incrustations de marbre (*crustae*) sur fond d'*opus tessellatum** fait de tesselles* de calcaire noires et blanches, ornait un couloir ou la galerie de la Maison à la *Colombe*.

Bien que cette mosaïque soit incomplète, sa composition géométrique apparaît clairement avec sa double symétrie autour d'un axe vertical et d'un axe horizontal. Sur fond de damier noir et blanc, au centre de la composition deux losanges blancs s'inscrivent dans des rectangles noirs tandis qu'à gauche et à droite deux carrés noirs sur la pointe sont inscrits chacun dans un carré blanc. En outre on a conservé une bande de raccord blanche à l'extrémité gauche.

Les quatre écoinçons triangulaires situés entre le carré sur la pointe et celui qui l'inscrit sont occupés par des motifs végétaux stylisés (feuilles cordiformes, tiges et volutes) et encore une fois symétriques, se détachant en noir sur fond blanc. Toutes les autres figures sont régulièrement semées d'incrustations petites ou grandes faites de morceaux de marbre ou d'autres pierres de couleurs et de textures extrêmement variées. C'est le contraste entre la richesse de cette polychromie et la rigueur géométrique de la composition qui fait la beauté de ce pavement.

Mosaïque aux *Cercles sécants*
Maison aux *Colonnes*
Début du IIIe siècle après Jésus-Christ
3,80 x 5,44

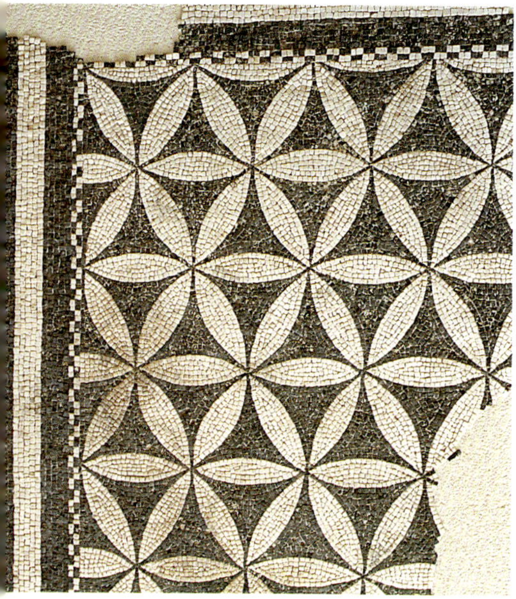

Cette mosaïque en tesselles* de calcaire noires et blanches appartient au dernier état de la Maison aux *Colonnes*, une habitation dégagée à la fin des années soixante dans l'angle nord-est du site. La pièce dont elle est issue fait partie d'un appartement situé en bordure du jardin du fond. Plusieurs bandes, alternativement noires et blanches, encadrent le tapis délimité par deux rangs de tesselles. Le tapis est composé de cercles sécants déterminant des six-feuilles.

Peinture à *Entrelacs*
Maison des *Dieux océan*
Fin du IIe siècle après Jésus-Christ
0,42 x 1,13

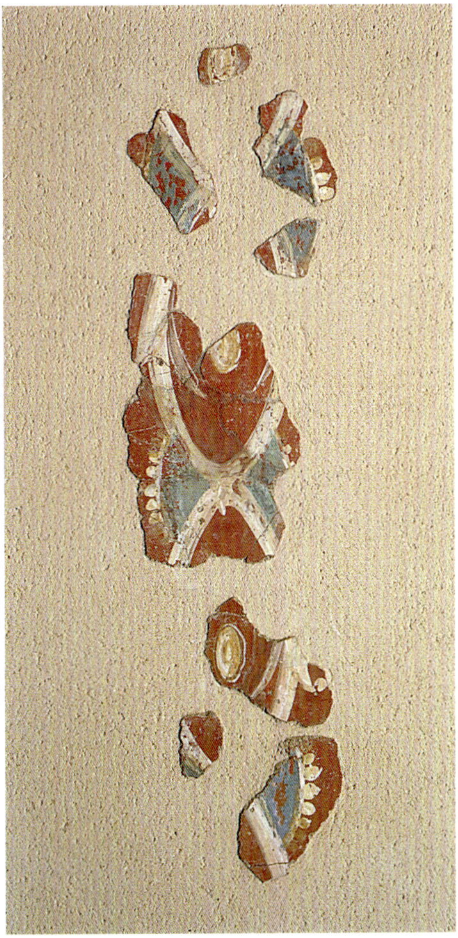

La peinture du IIe siècle montre un retour à la monochromie de la paroi. La composition du décor repose sur des encadrements de panneaux rehaussés de bordures ajourées, motifs décoratifs typiques du IVe style pompéien. Ces décors peuvent être associés à des éléments d'architecture qui tentent d'intégrer à nouveau des effets de perspective.

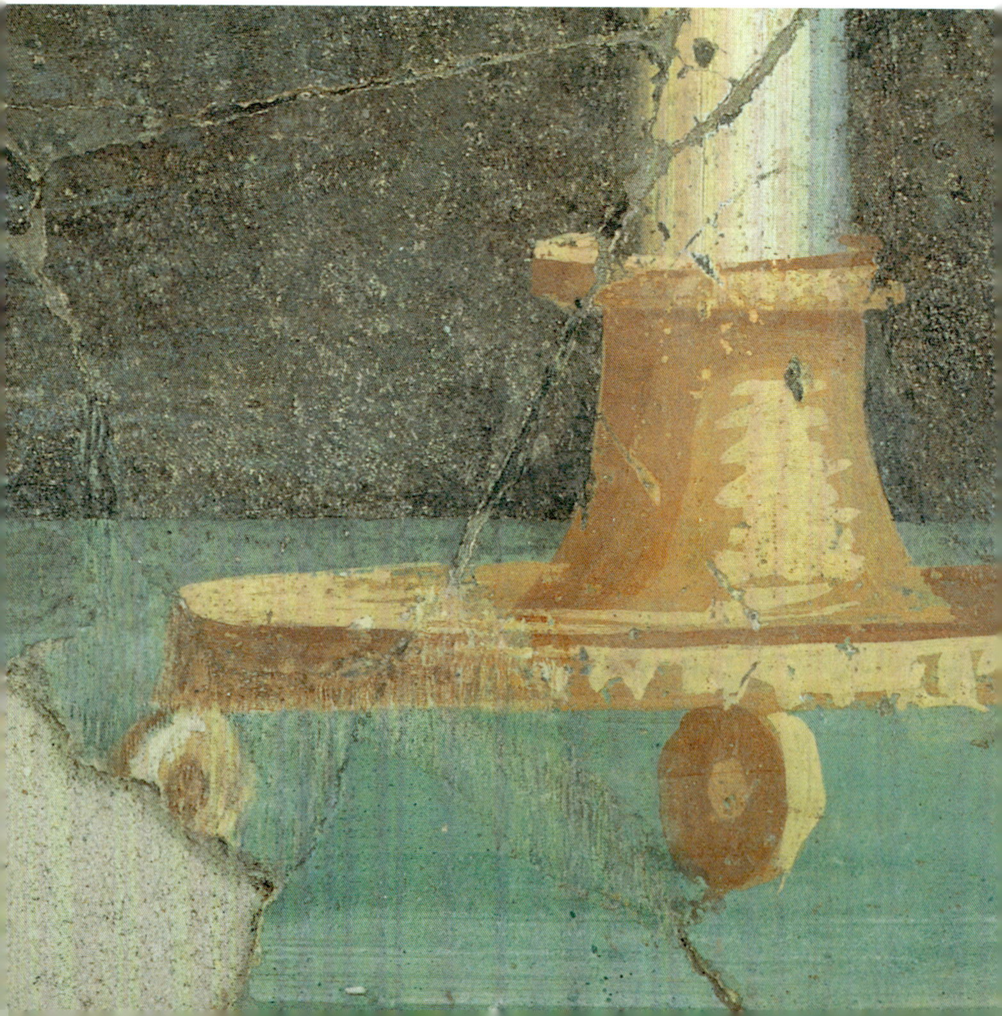

Peinture aux *Candélabres à boules*
Maison à la *Citerne*
5 avant Jésus-Christ - 15 après Jésus-Christ
1,63 x 0,74

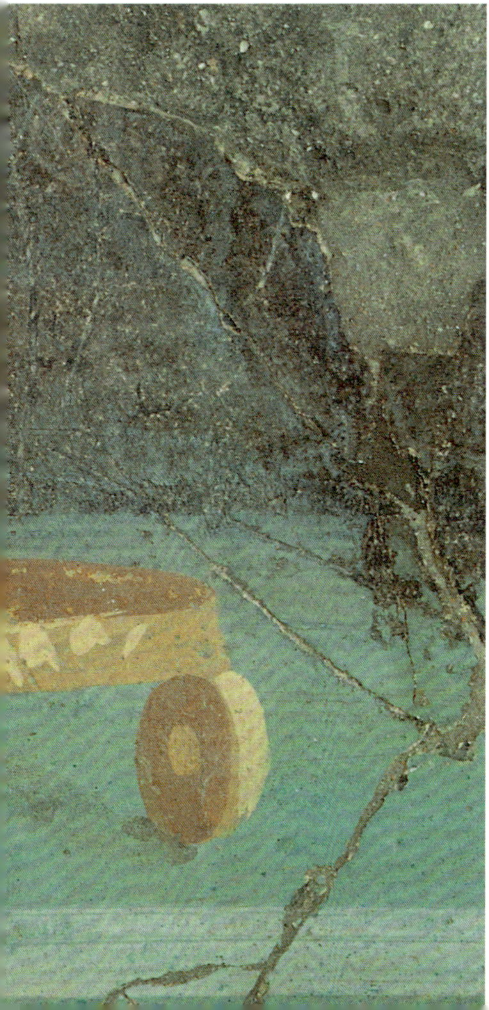

La plinthe imite un podium en marbre surmonté d'une corniche sur laquelle repose les pieds du candélabre (lampadaire destiné à supporter des chandelles). L'effet de perspective est renforcé par l'ombre portée des pieds sur la tablette.

Le motif décoratif de candélabres est très commun dans la peinture romaine. Celui-ci, typique de l'école viennoise, est une copie des modèles en métal. Les petites boules des pieds sont parfois interprétées comme des roulettes, mais à ce jour, aucun dispositif semblable n'a été observé sur les candélabres retrouvés en fouilles. La sobriété du décor et son caractère illusionniste correspondent bien à l'esprit du IIIe style pompéien.

Peinture avec une grappe de raisins
0,35 x 0,29

Peinture avec feuilles sur tiges
0,22 x 0,30

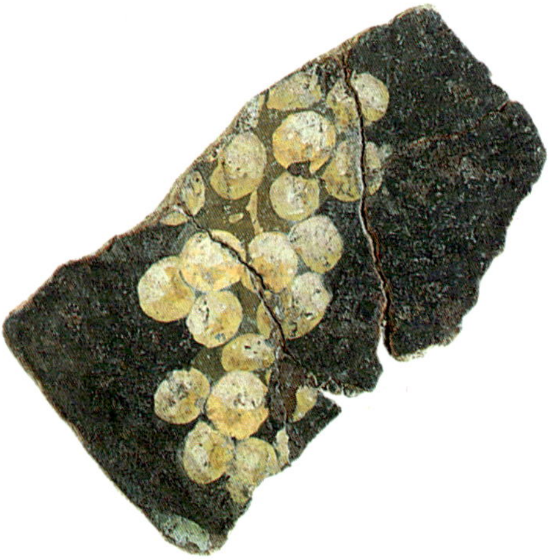

Les techniques utilisées pour la décoration des murs sont variées : peinture à fresque, stuc en relief, revêtement de marbre et mosaïque. Selon la période ou le bâtiment, certaines techniques sont plus utilisées que d'autres. Reconstituer avec exactitude un décor intérieur est aujourd'hui difficile car les matériaux fragiles ont disparu, d'autres ont été systématiquement récupérés au cours des siècles...

Leur conservation exceptionnelle dans les maisons de Pompéi a permis une classification stylistique des décors dès 1870. Entre le IIe siècle av. J.-C. et la fin du Ier siècle apr. J.-C., quatre styles se succèdent. La peinture dans les provinces romaines suit les grandes lignes de cette évolution tout en développant des caractéristiques régionales.

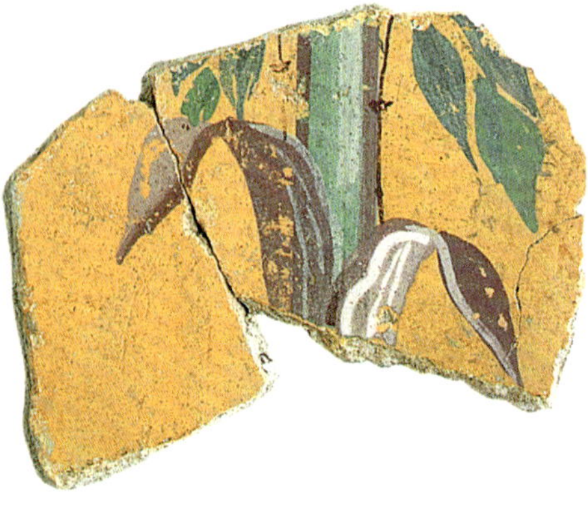

Mosaïque au *Lion*
Maison au *Lion*
Fin du IIe - début du IIIe siècle après Jésus-Christ
1,78 x 1,22

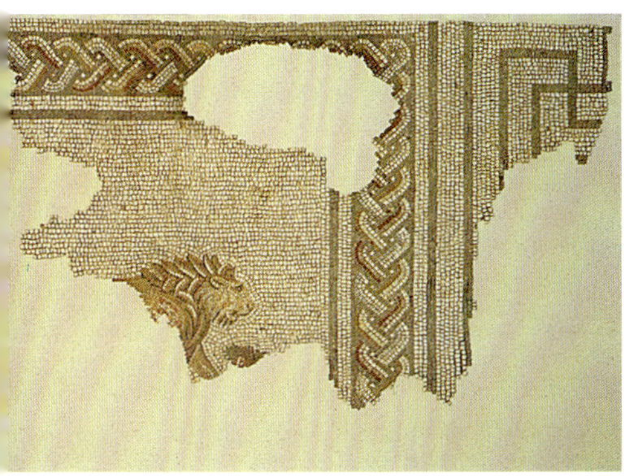

Découverte en 1987, cette mosaïque a donné son nom à la maison située sous la salle d'exposition permanente du musée. Elle ornait l'une des pièces de réception ouvrant sur le portique.

Le motif décoratif, situé dans l'angle sud-ouest de la pièce, a été réalisé pour être visible depuis l'entrée. Il se compose d'une partie centrale ornée d'un lion incrusté dans un méandre de svastikas*. Des fragments épars d'un tapis à bandes noires croisées sur fond blanc avec un semis de tesselles* sont conservés sur les côtés ouest et nord de la pièce. Cette différence de tapis indique une pièce meublée, avec certainement un lit de repas dans le fond.

Mosaïque des *Cratères et Oiseaux*
Vienne
Fin du IIe siècle après Jésus-Christ
Oiseaux : 0,66 x 1,04 ; cratère : d. 0,92
Dépôt de la Ville de Vienne

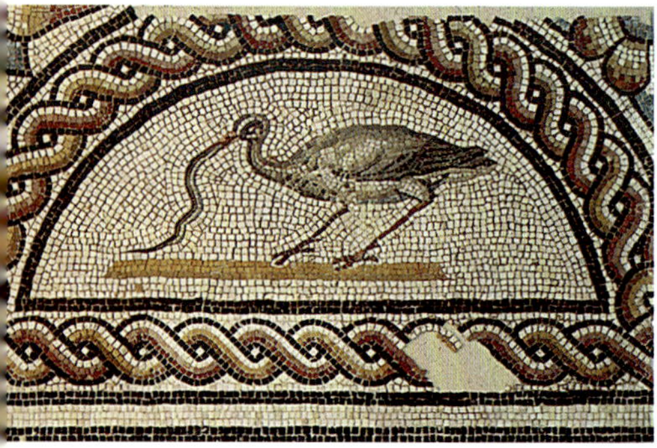

Cette mosaïque, découverte à Vienne en 1863 au nord de la rue Laurent-Florentin, était composée d'un tapis carré et d'une rallonge rectangulaire, composition souvent utilisée dans les chambres à coucher. De l'ensemble du pavement, qui mesurait 5 x 3 m, il ne reste aujourd'hui que quelques fragments et un dessin. Le mobilier (un lit ?), installé sur le tapis rectangulaire, cachait en grande partie une trame géométrique noire et blanche. Le tapis carré occupait ce qui constituait l'antichambre. Polychrome, il portait les motifs les plus riches (fleurons, oiseaux, vases). Deux de ces motifs étaient détruits. Au centre, le cratère à godrons* laisse échapper des jets d'eau ; au fond, un échassier capture un serpent et une perdrix se dirige vers une grappe de raisin. Le seuil de la pièce était décoré d'un vase d'où s'échappaient des rinceaux*.

Mosaïque d'*Orphée*
Vienne, Maison des *Nymphéas*
Fin du IIe siècle après Jésus-Christ
7,06 x 4,88
Dépôt de la Ville de Vienne

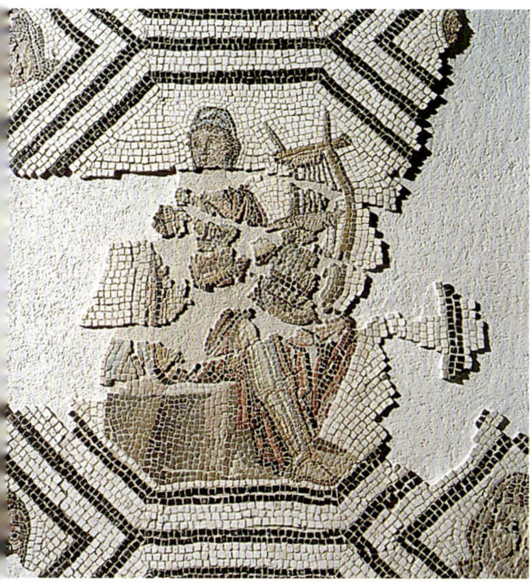

La mosaïque ornait le salon chauffé de la Maison de l'*Atrium*, fouillée en 1985 sur le site des *Nymphéas*, rue du Onze-Novembre. La mosaïque effondrée dans l'hypocauste* qui chauffait la pièce était très fragmentée et elle est aujourd'hui incomplète. Il s'agit d'une composition d'octogones et de carrés. Au centre, Orphée, assis sur un rocher charme le monde de sa lyre.

Le monde végétal est symbolisé ici par des fleurons ; un seul arbre est représenté. Des quadrupèdes, en majorité d'origine africaine, entourent le poète. Les oiseaux se trouvent à la périphérie de la composition. Les masques de théâtre, comiques et tragiques, symbolisent sans doute les querelles et les passions humaines. Le thème d'Orphée se prêtait parfaitement à la décoration d'un salon, lieu privilégié des conversations et des lectures.

Mosaïque d'*Orphée*
Vienne, Maison d'*Orphée*
Fin du IIe siècle après Jésus-Christ
1,85 x 1,85
1,16 x 1,16
Dépôt de la Ville de Vienne

Découvert en 1859, lors des fouilles réalisées à Vienne dans l'angle sud-est du champ de Mars, ce pavement décorait un salon, voisin de la partie thermale d'une maison appelée Maison d'*Orphée*.
L'octogone central représente Orphée jouant de la lyre. Sa musique charme les animaux sauvages qui ornent les octogones périphériques (sanglier, panthère, lion, onagre) et les carrés (canard, perruche, perdrix, poule sultane). Ce thème, symbole de la Culture domptant la Nature, semble avoir été couramment utilisé : on en connaît trois autres exemples à Vienne.

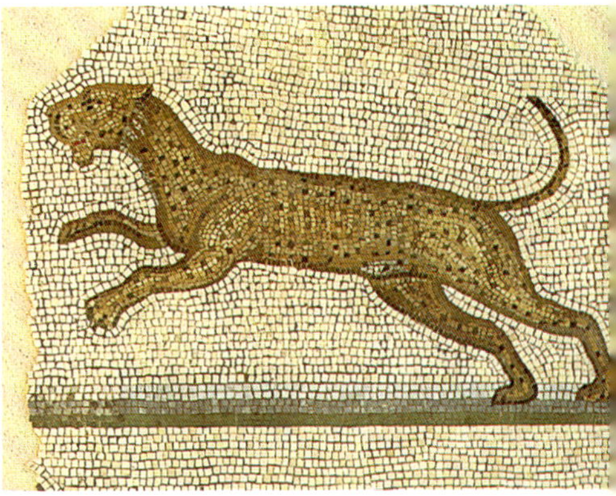

La maison romaine

La plupart des maisons viennoises découvertes à ce jour ont une superficie rarement inférieure à 1 000 m^2. Elles appartenaient à une élite, soucieuse de conformer son cadre de vie au modèle dominant. De fait, avec leurs larges ouvertures, ces maisons n'étaient guère adaptées au climat viennois. L'essentiel était, en effet, de reproduire les schémas architecturaux de Rome.

L'essor de ces grandes *domus** peut être situé vers le milieu du Ier siècle de notre ère. Il accompagne le développement de la ville sur les deux rives du Rhône. Avec les grands monuments publics, ces habitations contribuent à faire de Vienne une « colonie très belle et très puissante », ainsi que la décrit l'empereur Claude (54-68 apr. J.-C.) dans un discours lu au sénat de Rome.

L'apparition de grands jardins et de bassins animés par des jeux d'eau parfois sophistiqués reste la caractéristique essentielle de ces habitations. Autour des portiques, colonnades qui entourent les jardins, se répartissent pièces de réception, salons, salles à manger, mais aussi chambres et lieux d'hygiène, espaces plus intimes.

Vitrine de l'aisance de son propriétaire, la *domus* est aussi le lieu où se traitent des affaires. A cet égard, les espaces de réception offrent l'image d'une vie tournée vers le plaisir des habitants et des convives. Ceux-ci déambulent sous les portiques, devisent dans les salons munis de larges baies, les *oecus*, ou déjeunent au cœur du jardin, allongés sur les banquettes du *triclinium* estival.

Cette opulence, qui ne se dément pas au IIe siècle, rend les maisons particulièrement vulnérables à la récession économique et aux troubles politiques qui apparaissent dans le courant du IIIe siècle et auxquels la plupart d'entre elles ne survivront pas.

Mosaïque de l'*Atrium*
Vienne
Ier siècle après Jésus-Christ
6,40 x 6,29
Dépôt de la ville de Vienne

Découverte en 1985, rue du Onze-Novembre, à Vienne, sur le site des *Nymphéas*, cette mosaïque ornait l'*atrium** de la maison à laquelle il a donné son nom. Le petit bassin central (moins de 1 m^3) recevait les eaux de pluies conduites par les pentes des toits qui convergeaient vers un puits de lumière situé juste au-dessus. Ce pavement noir et blanc, simple et sévère, convenait à cet espace, directement hérité des maisons italiques de l'époque républicaine, où le maître de maison accueillait ses clients et obligés. Les seuils de pierre (dalles de schiste et de calcaire) ajoutaient une certaine monumentalité à cette pièce dont les murs étaient revêtus, eux aussi, de placages de pierre.

De nombreuses réparations, des manques, la destruction d'un angle témoignent des vicissitudes que cet *atrium* a subies ensuite. Sa forme, passée de mode, fut pourtant conservée durant toute l'existence de cette maison, soit près de 200 ans.

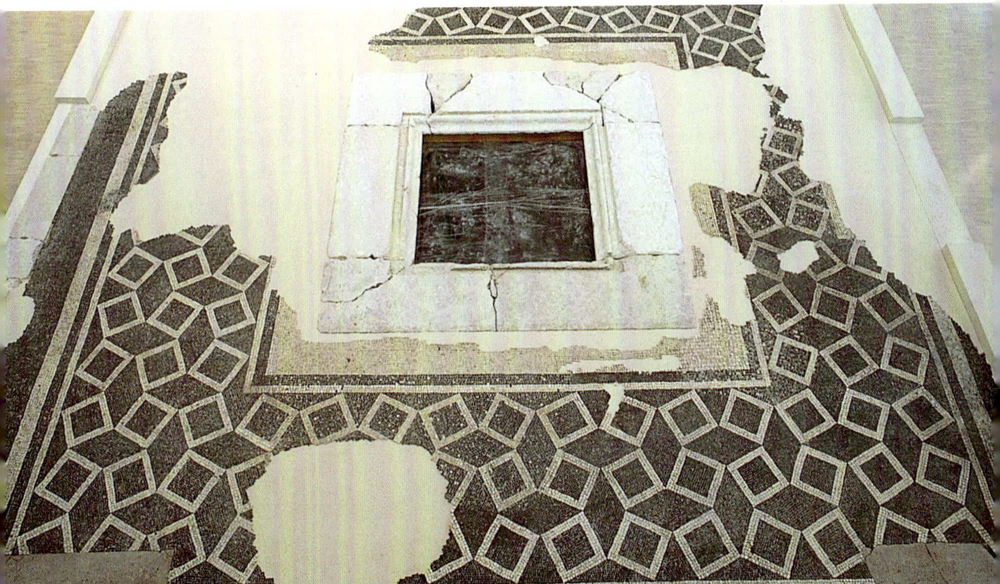

Sol en *opus sectile* des *Nymphéas*
Vienne
Premier quart du IIe siècle après Jésus-Christ
3,65 x 3,87
Dépôt de la Ville de Vienne

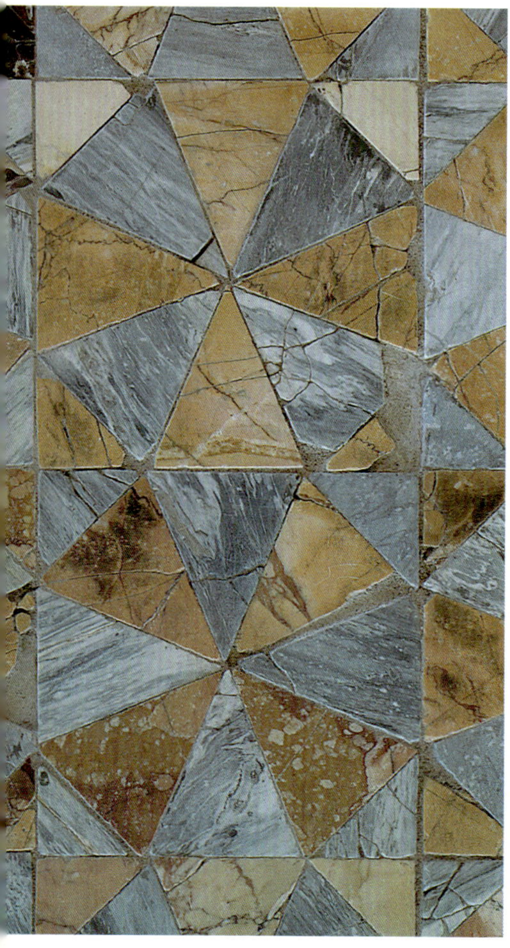

L'*opus sectile** a été découvert en 1977, lors d'une fouille de sauvetage préliminaire à la construction d'un lotissement. Le pavement se trouvait dans l'axe de la maison dite aux *Nymphéas*. Il est constitué de marbres jaune et bleu ; l'agencement des dallettes couvrait toute la surface de la pièce en dessinant des croix inscrites dans des carrés, mais seule une partie a été conservée, le reste ayant été détruit à une période indéterminée.

La Maison d'*Orphée* des *Nymphéas*
Maquette réalisée par Patrice Berger
d'après des restitutions d'Anne Le Bot-Helly
et Brigitte Sagnier
2,16 x 0,78
Échelle 1/50

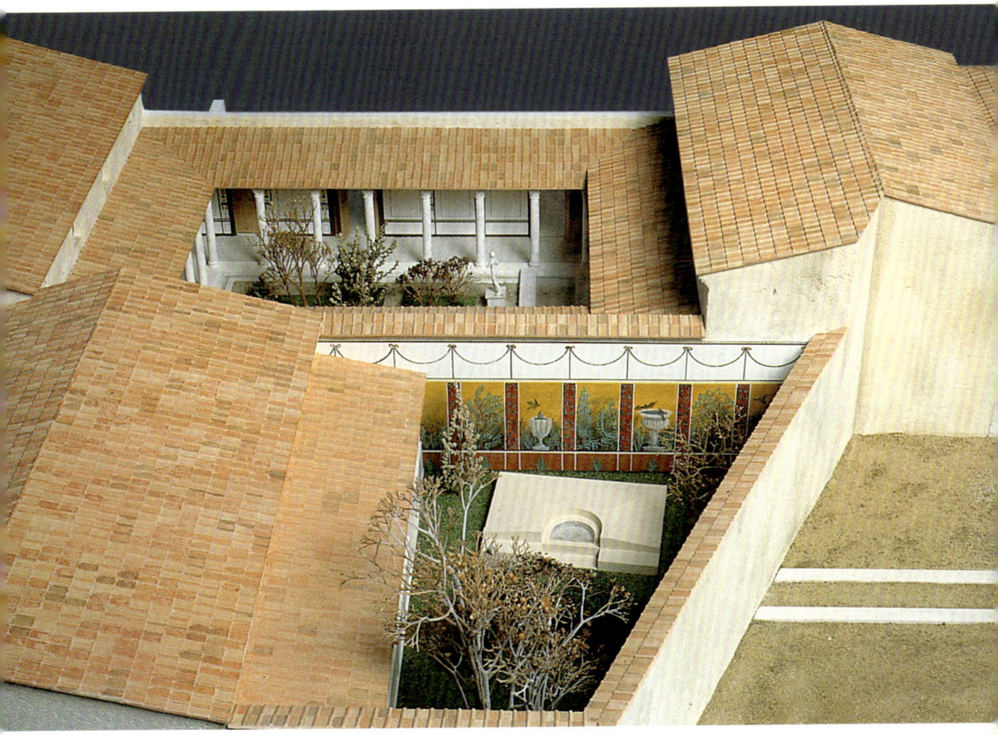

Le quartier de Saint-Romain-en-Gal

Cette maquette a été élaborée à partir des vestiges connus et d'hypothèses relatives au développement du réseau des rues ainsi qu'à celui du parcellaire urbain. Elle donne l'idée du relief et des grandes masses qui composaient ce secteur de la ville au début du IIIe siècle apr. J.-C. Le quartier s'est installé en bordure du fleuve, sur sa rive droite, dans la partie la plus large de la vallée. Il occupe un site assez plat qui présente toutefois deux dépressions : sur l'esplanade de l'ensemble monumental au sud et au nord-ouest. Ces dépressions constituent le témoignage du passage d'un ancien bras du fleuve. Celui-ci longeait le pied des terrasses de la rive droite jusqu'au début du Ier siècle av. J.-C.

Le sud du quartier est occupé par une zone monumentale composée de plusieurs édifices, dont deux ensembles thermaux et des portiques, organisés autour d'une vaste esplanade. Lieu de rassemblement et espace de loisirs, cette réalisation, par son ampleur, traduit l'importance de la ville durant l'Empire romain et la richesse de ses élites.

En opposition avec l'ensemble monumental, la partie nord du quartier est recouverte par un habitat dense, seulement aéré par les nombreux jardins des maisons privées. Aucun plan d'urbanisme pré-défini n'a été appliqué dans ce secteur de la ville. Le développement du quartier s'est appuyé sur les rues d'orientation générale nord-sud qui suivent en fait la courbure du fleuve.

Caractéristiques des quartiers périphériques des villes, de vastes îlots aux formes irrégulières sont apparus. En leur sein, des maisons souvent organisées autour de deux jardins s'étendent sur des parcelles de 500 à 5 000 m^2 de superficie. Ces habitations immenses appartiennent aux notables de la cité qui ont installé ici leurs demeures urbaines, profitant de la présence de parcelles étendues dénuées de relief et de la proximité de l'ensemble monumental. Si le caractère résidentiel du quartier est nettement affirmé, commerce et artisanat ne sont pas pour autant absents. Le plus souvent regroupés au sein de bâtiments spécifiques, boutiques, ateliers de foulons* et entrepôts assurent les besoins quotidiens du quartier : achat de denrées, entretien des étoffes, stockage des vivres et des objets manufacturés.

La zone nord-ouest du quartier est restée peu ou non bâtie, sans doute à cause de la dépression qui pouvait être marécageuse ou sujette aux inondations en période de crue. Ainsi, vers le nord, le quartier devait se terminer en une pointe coincée entre le fleuve et la dépression.

Du côté sud, la zone de contact entre l'ensemble monumental et le quartier de Sainte-Colombe semble, elle aussi, avoir été peu bâtie. La voie sur berge et la voie qui longe les thermes du *Palais du Miroir* constituaient les seules voies carrossables permettant de relier le nord et le sud de la rive droite. Si l'on excepte le pont présumé qui devait se trouver un peu au sud de l'ensemble monumental, la liaison avec la rive gauche pouvait être assurée par des petits bateaux, depuis l'appontement situé en face de la Maison au *Lion*.

Le quartier de Saint-Romain-en-Gal
Début du IIIe siècle après Jésus-Christ
Maquette réalisée par Frédéric Trouvé
d'après des restitutions d'Anne-Marie Clappier
et de l'équipe archéologique départementale
1,23 x 1,26
Échelle 1/500

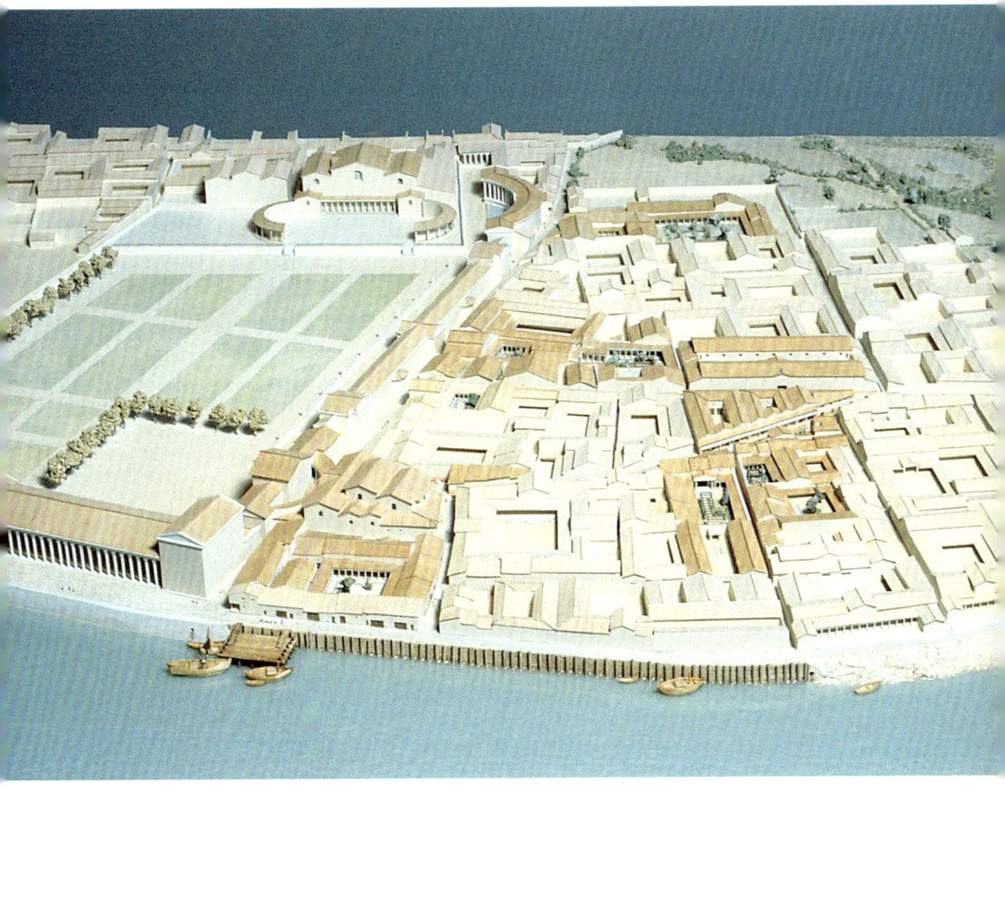

Maison des *Dieux océan*
Maquette réalisée par Patrice Berger d'après des restitutions d'Anne-Marie Clappier, Odile Leblanc, Hugues Savay-Guerraz et Dominique Tavernier
2,46 x 1,14
Échelle 1/50

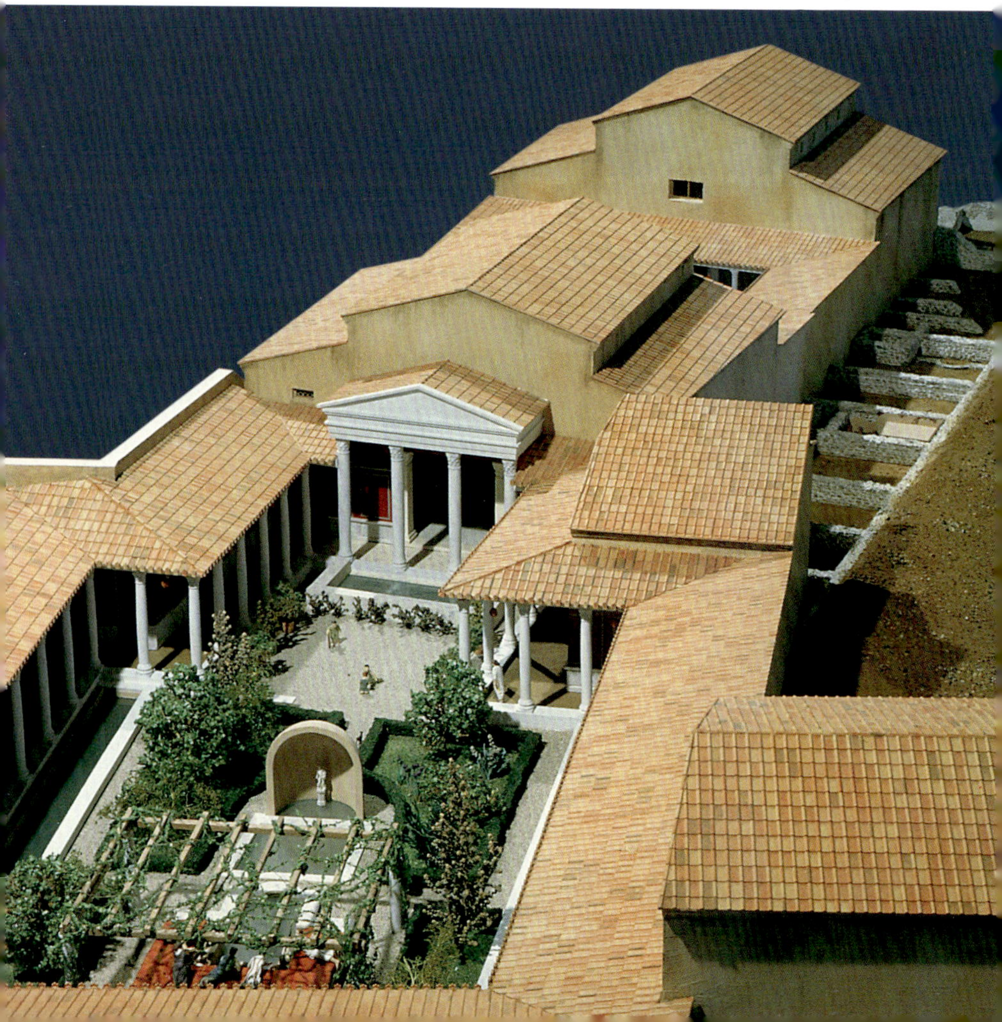

Telle qu'elle se présente au IIIe siècle de notre ère, sur une superficie estimée à 3 000 m^2, la Maison des *Dieux océan* n'est que la dernière d'une série de cinq habitations qui se sont succédées ou cotoyées durant deux siècles environ, entre les années 20 av. J.-C. et 180 apr. J.-C. Les trois demeures les plus anciennes, accessibles par la rue du *Portique*, occupaient déjà les deux-tiers antérieurs de la future Maison des *Dieux océan*, soit une superficie de 1 100 m^2 environ.

Si l'on connaît peu de choses de la première construction, l'habitation qui lui succède, la Maison à la *Citerne*, dispose de treize pièces, au sol de terre battue pour la plupart, autour d'une cour et d'un jardin. Avec la Maison aux *Pierres dorées*, édifiée vers 20 apr. J.-C., apparaît le plan d'une *domus** urbaine, de type italique, dotée de boutiques en façade, d'un vestibule, d'un péristyle*, de plusieurs pièces d'habitation et d'une petite salle de bain. La présence de plusieurs mosaïques et d'une adduction d'eau marque un saut qualitatif important.

Vers 60 apr. J.-C., la maison va fusionner avec une habitation mitoyenne au nord, la Maison au *Grand péristyle*, très partiellement explorée, pour donner naissance à une grande demeure : la Maison au *Vestibule à colonnes*, l'ancêtre de la Maison des *Dieux océan*. Essentiellement résidentielle, cette dernière est rythmée en alternance, et sur 100 m de longueur, par deux grands jardins à colonnades et trois corps de bâtiments abritant chacun une salle de réception majeure à l'image du vestibule de 154 m^2 qui lui a donné son nom. Un siècle plus tard, vers 180 apr. J.-C., la création d'une salle centrale démesurée et la confection de nouveaux pavements, dont la mosaïque éponyme du vestibule, signent l'acte de naissance de la Maison des *Dieux océan*.

Maison aux *Cinq mosaïques*
Maquette réalisée par Patrice Berger
d'après des restitutions d'Anne-Marie Clappier,
Laurence Brissaud et Jean-Luc Prisset
0,96 x 0,49
Échelle 1/50

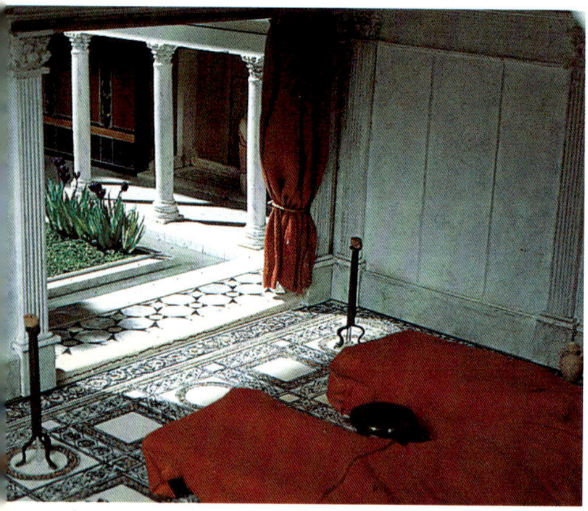

La Maison aux *Cinq mosaïques* est implantée le long de la rue du *Commerce*, créée dans les années 20 apr. J.-C. Cette voie a été percée à travers des parcelles peu bâties, cernées de murs de clôture qui reprenaient un découpage parcellaire établi dans le courant du Ier siècle av. J.-C. et signalé par des bornes en pierre. La rue reçoit un égout dans les années 40 apr. J.-C. Le niveau de circulation subit des exhaussements réguliers dans lesquels des canalisations en bois sont mises en place. Durant le Ier siècle, les chaussées successives sont en gravier et galets damés. La rue est dallée au IIe siècle, puis un trottoir, en partie sur drain, est installé.

Édifiée dans les années 180, la Maison aux *Cinq mosaïques* remplace une première habitation, la Maison au *Bassin excentré*, elle-même construite sur un bâtiment commercial dont elle conserve en partie l'organisation interne. La Maison aux *Cinq mosaïques* s'articule autour d'un jardin à portiques situé transversalement par rapport à la rue. Les chambres, la cuisine et les thermes se répartissent entre l'étage et le rez-de-chaussée de la partie nord tandis que l'aile sud est occupée par deux pièces de réception.

Côtoyant des sols en béton ou en terre battue, les pavements en mosaïque soulignent les accès ou les pièces socialement importantes. Ainsi, l'aile sud est dotée de mosaïques polychromes représentant motifs végétalisants, animaux, scènes mythologiques... La pièce d'entrée et la branche nord du portique reçoivent des mosaïques géométriques, noires et blanches, alors que le couloir d'accès à la cuisine n'a qu'un sol en terre battue.

Le jardin

Le péristyle* de la maison romaine est un jardin (*viridarium*) entouré de colonnades. Il trouve son origine dans les parcs publics et les palestres* hellénistiques. C'est le cœur des riches *domus**, il peut représenter les deux tiers de la superficie de la maison.

La colonnade fait du péristyle un des lieux où l'expression architecturale est la plus développée. Le mariage de l'architecture, de l'eau et de la végétation en est la caractéristique immuable. Peintures murales et mosaïques, sous les portiques, s'associent aux fontaines et aux bassins, à une nature domestiquée en une mise en scène décorative élaborée.

Le jardin est l'objet de soins particuliers. La végétation est abondante : lierres, platanes, lauriers, myrtes, acanthes, violettes et lauriers-roses sont traités conformément aux règles de l'art des jardins, *ars topiaria*, définies dans des ouvrages malheureusement disparus.

Les dieux Lares, les protecteurs du foyer, Diane, Vénus, Isis et Hercule constituent autant de divinités honorées dans les jardins. Dans le grand péristyle de la Maison des *Dieux océan*, un petit temple fait face aux convives. Il abrite une statue qui souligne l'omniprésence de la religion dans ce lieu.

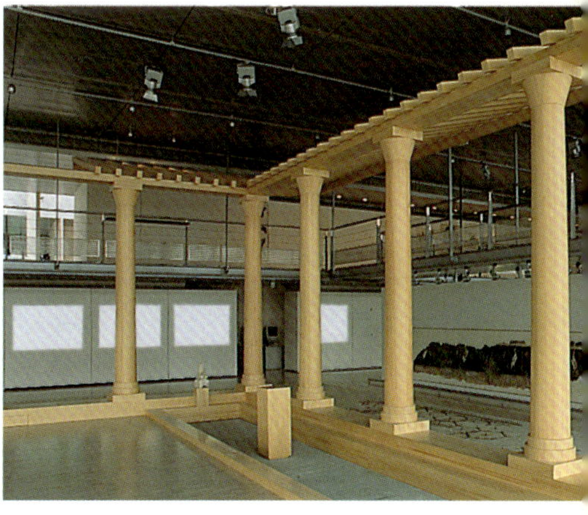

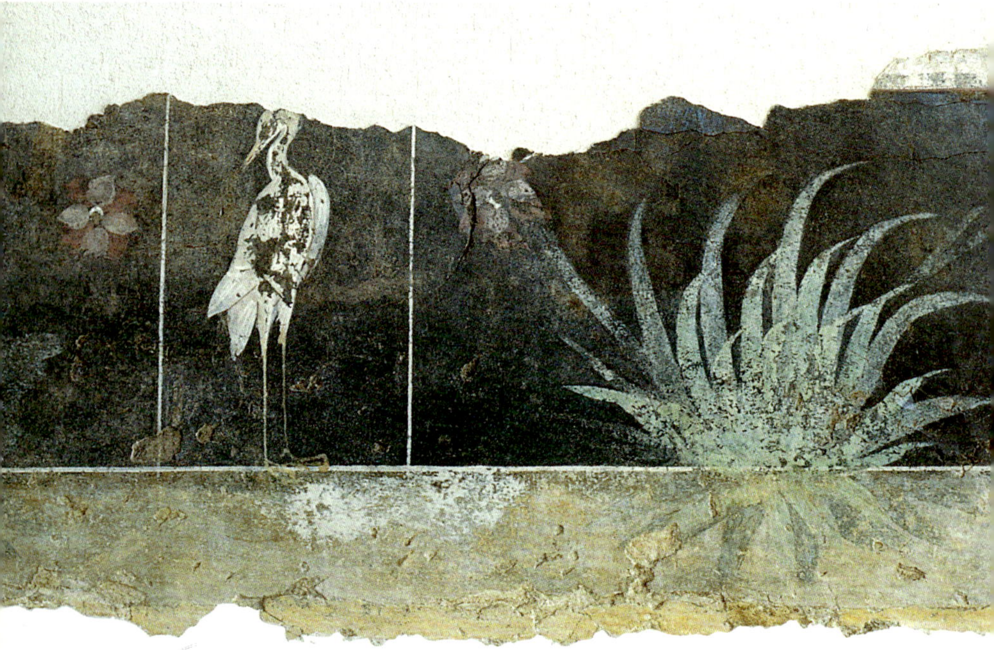

Peinture des *Échassiers*
Vienne, site des *Nymphéas*
Ier siècle après Jésus-Christ
7,55 x 1,12
Dépôt de la Ville de Vienne

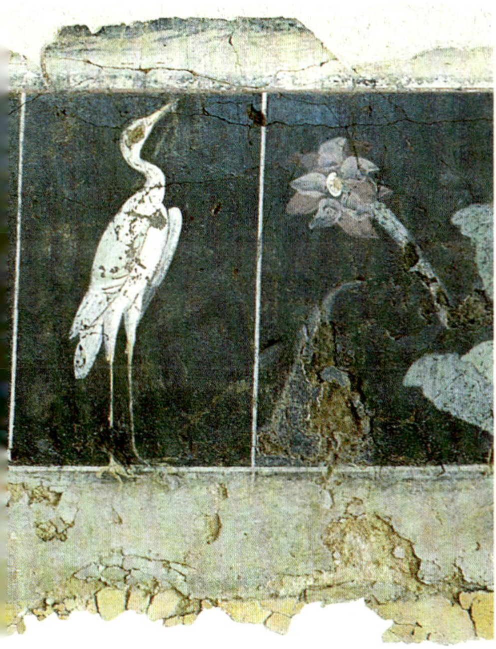

Cette peinture sur fond noir découverte en 1977 à Vienne sur le site des *Nymphéas*, rue du Onze-Novembre, décorait le péristyle* de la maison dite aux *Échassiers*. Le décor de la plinthe (échassiers et feuillages) était encore en place sur le mur conservé sur un mètre de hauteur, tandis que les parties supérieures (candélabre au génie ailé) ont été retrouvées en fragments à quelques mètres du péristyle. Échassiers et plantes des marais sont souvent représentés sous les portiques qui entourent les jardins et leur bassin. Quant au génie ailé qui tient une tige dans chaque main et dont le bas du corps s'échappe des volutes d'un rinceau*, il s'agit d'une divinité de la végétation.

Mosaïque du péristyle de la Maison d'*Amour et Pan*
Site de Sainte-Colombe, rue Garon
II-IIIe siècle après Jésus-Christ

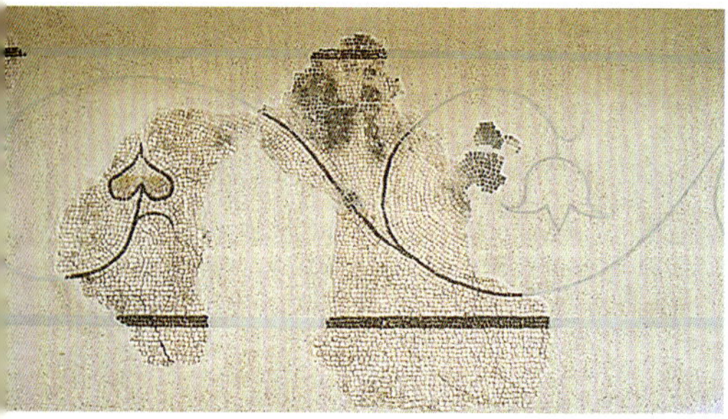

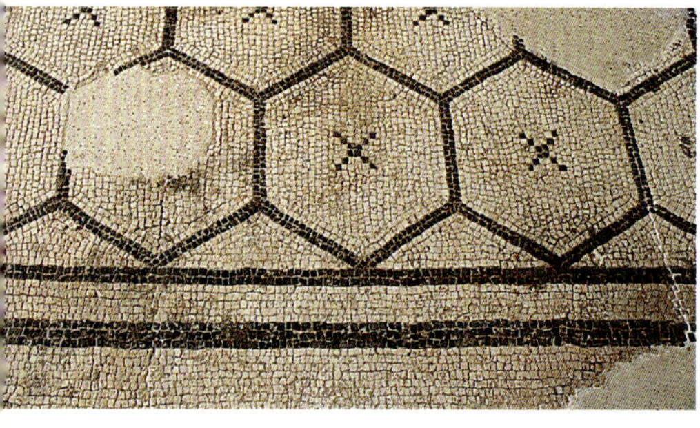

Au moment de sa découverte en 1981, il ne restait que quelques fragments du pavement du péristyle* de la Maison d'*Amour et Pan*, à Sainte-Colombe.

Composée de plusieurs tapis juxtaposés, cette mosaïque est remarquable par la grande dimension des tesselles*. Ce choix ne procède probablement pas d'un manque de savoir-faire de la part du mosaïste. L'hypertrophie des cubes correspond à celle du décor. A côté de la composition linéaire du rinceau* qui se développait sur la longue galerie orientale du péristyle, d'autres tapis plus courts (trames d'hexagones, etc.) signalaient l'entrée des pièces les plus importantes.

Fontaine phallique
Maison des *Dieux océan*
Vers 30-50 après Jésus-Christ
0,32 x 0,16 x 0,40

Tuyau
Maison des *Dieux océan*
Plomb et bronze
IIe - IIIe siècle après Jésus-Christ
0,27 ø 6

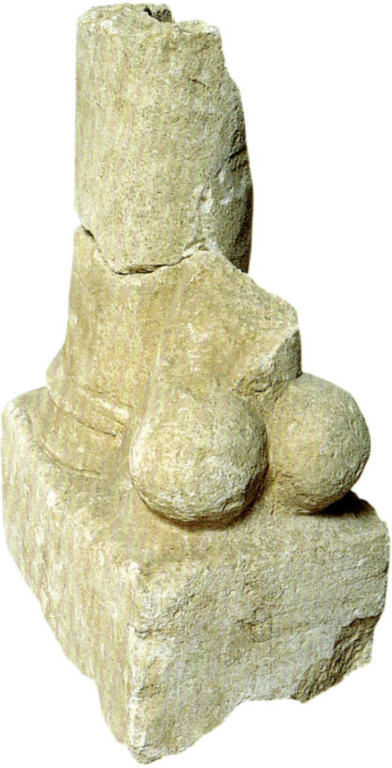

Au début, les habitants du quartier de Saint-Romain-en-Gal se procuraient de l'eau grâce à des puits. Dès le début du Ier siècle apr. J.-C, des réseaux d'adduction d'eau ont été installés dans les rues, et les maisons les plus riches possèdaient déjà une alimentation privée. Au IIe siècle apr. J.-C., on trouve dans toutes les grandes maisons de Vienne au moins un bassin décoratif, souvent à trois branches, étroites et profondes. Les fontaines et les jets d'eau sont très fréquents.

Cette fontaine ornait peut-être le péristyle* de la Maison aux *Pierres dorées*. La colonne et le phallus reposent sur un socle creusé d'un canal qui se prolonge au centre de la colonne. Ce canal recevait le tuyau en plomb qui amenait l'eau.

La fontaine de Saint-Romain-en-Gal joint à l'action bienfaisante et fertilisante de l'eau la protection symbolique du dieu *ithyphallique* particulièrement appropriée dans le petit jardin d'une maison.

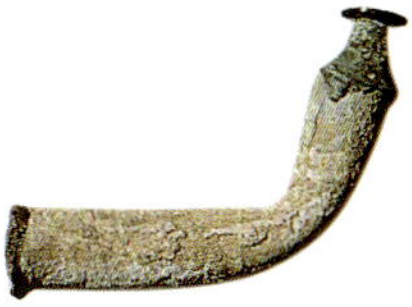

Autels domestiques
IIe - IIIe siècle après Jésus-Christ
Calcaire
30 x 54,5

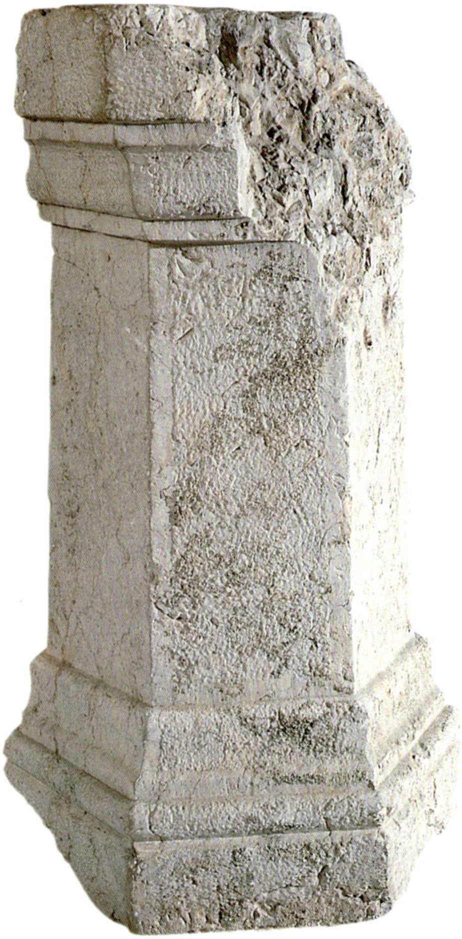

Dans la maison romaine, les divinités familiales exercent une action protectrice sur la demeure et ses habitants. Les Lares, dieux de la sédentarité, veillent sur la prospérité du foyer. Le Génie, force qui perpétue le monde par la procréation, représente la généalogie domestique. Les Pénates, à l'origine dieux du garde-manger (*penus*), assurent la conservation des réserves de nourriture. Ces divinités ne sont pas les seules honorées dans l'intimité de la maison : chaque famille possède ses protecteurs attitrés, qui peuvent appartenir au panthéon romain, tels Jupiter, Hercule, Vénus, Mercure, ou provincial, Sucellus par exemple.

Les divinités domestiques ont leur sanctuaire, le laraire (*lararium*) dans l'habitation. Il occupe l'angle d'une salle, d'un jardin ou une petite pièce réservée à cet usage. Sur le site de Saint-Romain-en-Gal, les cultes domestiques sont surtout attestés par la découverte de nombreux autels en pierre, de petite taille. Ces autels servaient aux offrandes, fruits, vin, encens, miel, gâteaux... Quelques représentations figurées ont été découvertes, en particulier une statue du dieu gaulois Sucellus. Dans les jardins, on honore les divinités champêtres, comme Priape, que l'on peut mettre en relation avec la découverte de la fontaine phallique de la Maison aux *Pierres dorées*.

Statue de Sucellus
Maison de *Sucellus*
IIe siècle après Jésus-Christ
Calcaire
0,69 x 0,39

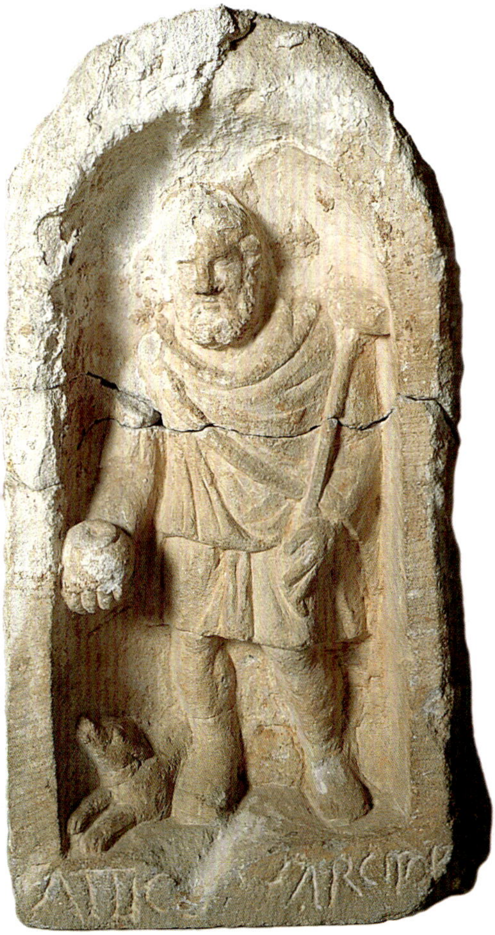

Cette sculpture en haut-relief provient d'une des grandes maisons du site, aménagée au IIe siècle apr. J.-C., à laquelle elle a donné son nom. Le dieu gaulois Sucellus est représenté ici comme à l'accoutumée, portant une barbe et vêtu à la gauloise. La divinité tend de la main droite un petit pot (*olla*) et tient de l'autre un maillet appuyé sur son épaule. Un chien est couché à ses pieds. L'inscription est une simple gravure à la base du relief :

Atticvs Sarcis (filius) d(onum) r(eddit)
Atticus, fils de Sarcus a fait ce don en retour

Cette statue a été offerte à Sucellus avec un sacrifice, par un certain Atticus pour remercier le dieu de ses faveurs.

Le *triclinium*

Le *triclinium* (salle à manger) doit son nom aux trois lits de repas disposés en U autour de la table (*mensa*), et sur lesquels s'allongent les convives. Les lits occupent les deux-tiers arrière de la pièce, le tiers antérieur étant réservé au service de la table. La composition du pavement reproduit le plus souvent cette bipartition, ainsi que le montre la mosaïque aux *Roues de peltes**.

Chaque lit accueille trois personnes accoudées sur le bras gauche et qui mangent avec la main droite. Les places sont strictement établies par les usages. Le lit du fond est réservé aux hôtes de marque. Le maître de maison et sa famille prennent place sur le lit de gauche, tandis que les autres convives se répartissent sur le lit de droite. Les enfants mangent à l'écart, assis devant une petite table.

Mosaïques et peintures murales font souvent appel à des représentations qui invitent le convive au banquet : fruits, légumes, animaux, instruments de table, instruments de musique. Ces natures mortes sont souvent ornées de rubans. Elles font ainsi allusion aux cadeaux (*xenia**) qui étaient offerts aux hôtes de passage.

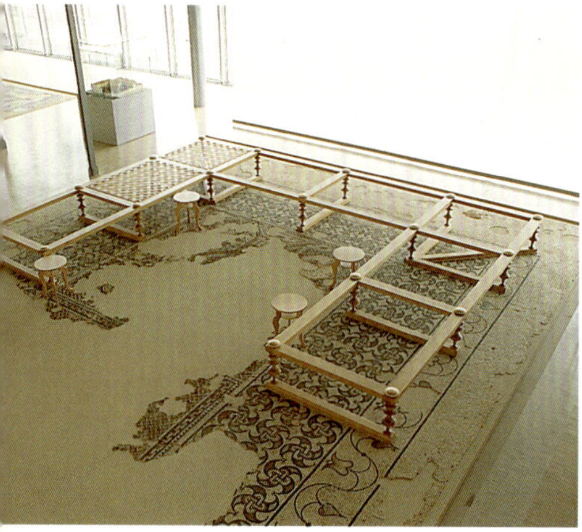

Mosaïque des *Roues de peltes*
Vienne
IIIe siècle après Jésus-Christ
7,21 x 8,10
Dépôt de la Ville de Vienne

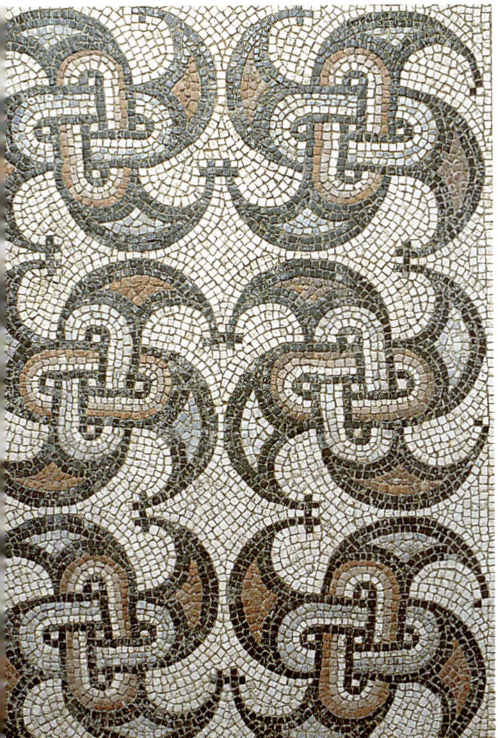

Découverte en 1981, à Vienne, à l'emplacement de l'ancienne rue des Colonnes, cette mosaïque décorait une vaste salle à manger de 58 m^2. Cette pièce ouvrait largement au sud, sur un jardin orné d'un bassin.

Le décor est composé de trois tapis juxtaposés. Un tapis en U ouvert du côté du seuil, marque l'emplacement des lits de repas d'un triclinium. Ce tapis est décoré de peltes*, motif inspiré du bouclier des Amazones. Dans le champ, associées par quatre, elles forment des motifs circulaires, tandis qu'elles figurent de manière plus allusive dans le rinceau* qui occupe la bordure extérieure.

L'intérieur du U est occupé par deux tapis carrés aujourd'hui extrêmement lacunaires : le plus proche de l'entrée consiste en une natte ; le second est composé d'octogones et de carrés adjacents où étaient distribués les éléments de la scène principale. Il n'en reste malheureusement que deux bustes très incomplets et à peine identifiables : le *Printemps* couronné de feuillage et l'*Hiver*, dont on reconnaît le voile.

Ensemble de vaisselle

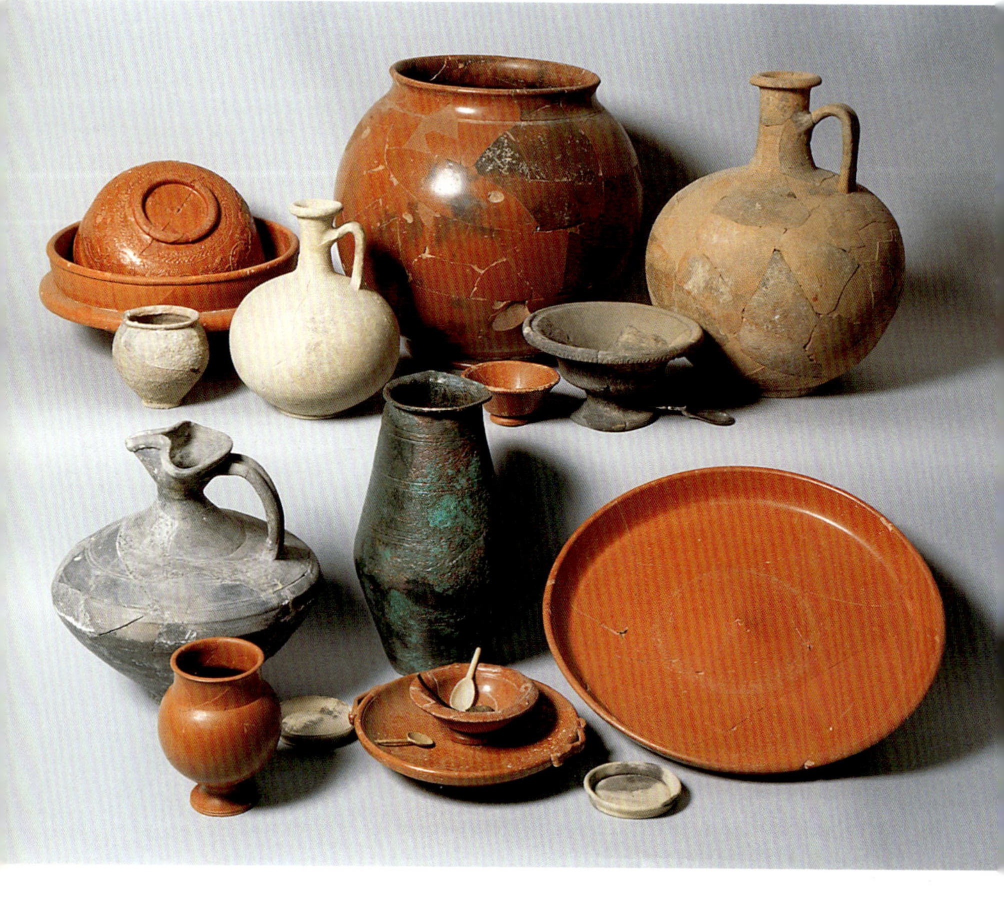

La table de *triclinium* est généralement en bois de thuya, la vaisselle en terre. Elle peut être luxueuse, faite d'or et d'argent. Elle consiste en plats, assiettes et coupes. Il y a aussi des cruches à vin et des cratères pour mêler l'eau et le vin car il n'est pas consommé pur. Les cuillères, en os, en bronze ou en argent, sont destinées à servir les sauces, prendre les œufs, extraire les mollusques avec l'extrémité effilée. Après les ablutions et l'invocation des dieux Pénates, le dîner commence par un hors-d'œuvre, suivi du plat principal et du dessert. Après chaque met, les Romains s'essuient avec des serviettes que leur tendent les esclaves.

Le repas du soir, *cena*, est un grand moment où le fait de boire et de manger est célébré comme un rituel social. Ainsi, Martial décrit le banquet de Zoïlus : « Il s'étale, vêtu de vert clair, sur un lit qu'il garnit à lui seul et, de ses coudes, il bouscule encore ses convives de droite et de gauche, vautré lui-même sur la pourpre et les coussins de soie. Un mignon se tient près de lui et présente à ses rots des plumes rouges et des épines de lentisque. [...] Quand il a chaud, une concubine, étendue sur le dos, lui souffle une brise légère avec un éventail et un jeune garçon écarte de lui les mouches avec un rameau de myrte. Une habile masseuse parcourt son corps d'une main agile et promène sa paume exercée sur tous ses membres. Il fait claquer ses doigts : à ce signal familier, l'eunuque, inspecteur d'une urine exigeante, dirige la verge saoule de son maître occupé à boire. Mais, lui-même, se tournant en arrière vers la foule des esclaves qui se tiennent à ses pieds, au milieu de ses chiens en train de se gaver de boyaux d'oies, il distribue des glandes de sanglier à ses gymnastes et donne à son mignon un croupion de tourterelle ; et tandis qu'on nous sert le cru des rochers de Ligure ou le vin doux cuit dans les fumées de Marseille, il boit à la santé de ses bouffons un nectar de l'année d'Opimius dans des coupes de cristal et des vases de murrhins. [...] Arrosé lui-même de tous les parfums de Cosmus, il ne rougit pas de nous faire apporter, dans une coquille dorée, la pommade à cheveux d'une misérable prostituée. Ensuite, succombant à l'ingestion de tant de demi-setiers, il ronfle ; nous, nous restons à table et, invités à respecter ses ronflements par notre silence, nous nous portons mutuellement des santés par geste. »
(Martial* X, 48)

Exemple de menu :
Gustatio : mauves, laitue, poireau à couper, menthe, roquette (sorte de salade).
Oeufs en rondelles couronnant des scombres (thon) à la rue.
Tétines de truie marinées à la saumure de thon.
Cena : chevreau, côtelettes grillées, fèves, chou, poulet, jambon.
Secunda mensa : fruits.

L'émulation entre les maîtres de maison amène un renouvellement régulier des nourritures les plus luxueuses, et les excès suscitent l'indignation des satiristes tel le célèbre menu de Trimalchion.

Peinture aux *Pilastres*
Vienne
Ier siècle après Jésus-Christ
6,47 x 1,22
Dépôt de la Ville de Vienne

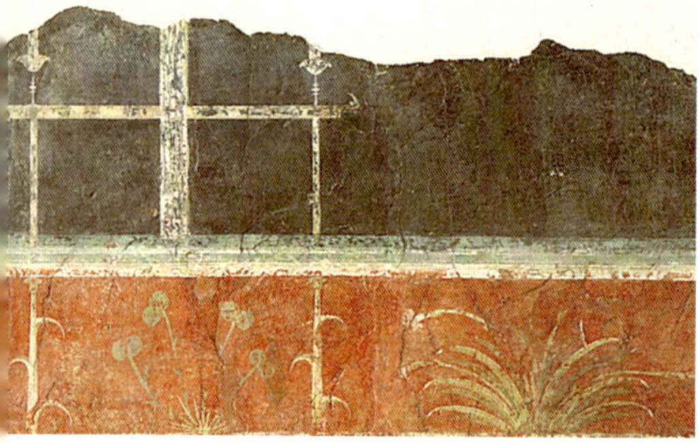

Cette peinture découverte en 1966, place Saint-Pierre à Vienne, décorait l'une des pièces de réception d'une riche demeure. C'est une réalisation caractéristique de la fin du IIIe style pompéien. De fins motifs ornementaux issus des répertoires architecturaux et végétaux se détachent sur une paroi monochrome. A cette période, à la richesse du décor des murs répond le plus souvent la sobriété de sols en béton.

Peinture de la *Paroi du Globe*
Vienne
3,50 x 1,10
Dépôt de la Ville de Vienne

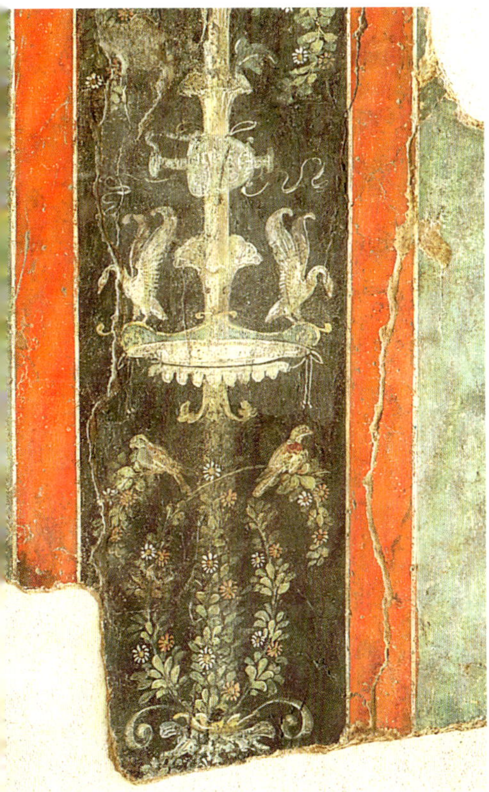

Cette peinture a été déposée à Vienne à la fin du XIXe siècle. La plinthe noire est ornée de cercles portant un décor figuré, un cygne et des bouquets de feuilles. La zone médiane est composée de grands panneaux verts, encadrés d'une bande rouge, qui se détachent sur un fond noir, déterminant ainsi des petits panneaux noirs ornés de motifs figurés. Trois ensembles sont conservés. Une colonne végétale, avec fleurettes et oiseaux, est issue d'un canthare* qui repose sur le bandeau de la plinthe. Des cygnes et des tympanons* figurent sur les diverses ombelles du candélabre, un vase est accroché au fût du candélabre. Sur l'ombelle sommitale est représentée une statue aux tons métalliques, peut-être un bacchant*. Un candélabre, dont la base disparaît dans une treille ornée de grappes de raisin, supporte une Victoire dont le pied repose sur un globe de cristal. Une tête de divinité marine est associée à une sphinge ailée trônant au sommet d'un troisième candélabre.

Mosaïque du *Canard* et du *Rafraichissoir*
Sainte-Colombe-lès-Vienne
Fin du IIe siècle après Jésus-Christ
0,94 x 0,81
Dépôt de la ville de Vienne

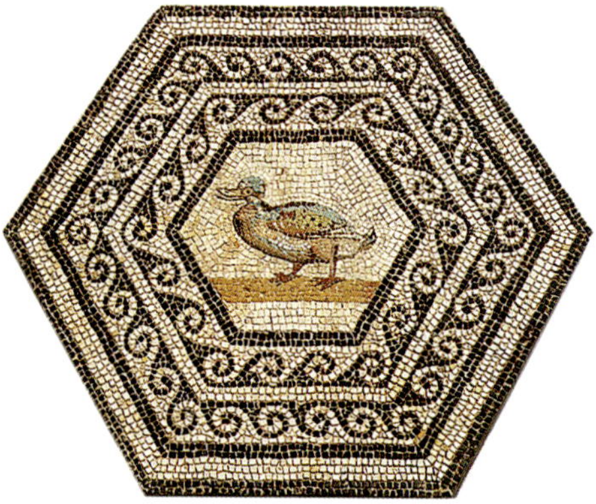

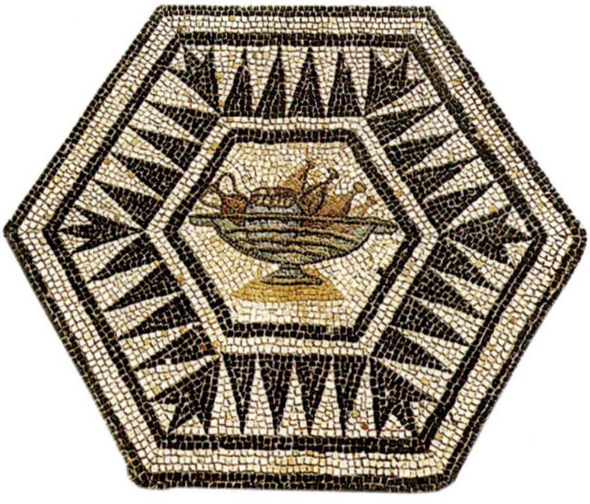

Ces deux médaillons proviennent d'une mosaïque qui fut découverte en 1876 à Sainte-Colombe-lès-Vienne mais qui n'a été qu'incomplétement dégagée. Il s'agissait d'une composition en nid d'abeille, où les hexagones principaux étaient séparés par des bandes formées elles-mêmes de petits exagones et de losanges disposés en étoiles à six branches.

A l'interieur des hexagones conservés on trouve soit des motifs décoratifs soit des *xenia**, comme ceux représentés ici. Le *Canard* est remarquable par la vivacité de ses couleurs obtenues grâce à des tesselles* en pâte de verre. Quant au *Rafraichissoir* — sujet trés rare en mosaïque — c'est une coupe en verre à pied triangulaire et deux anses qui contient des amphores renversées et une petite jarre.

Cubiculum et vie privée

Le *cubiculum* est une chambre de modestes dimensions dépourvue de fenêtres la plupart du temps. Le jour, la lumière pénètre dans la pièce par la porte, mais la faible luminosité nécessite souvent le recours à des lampes à huile. Le mobilier est fruste : le lit est placé dans le fond de la pièce, le long du mur. Parfois disposé à l'intérieur d'une alcôve voûtée, il empiète fréquemment sur le pavement, dont le décor est moins élaboré sur son emplacement que dans le reste de la pièce. Parfois même, la mosaïque reproduit une descente de lit. Quelques meubles, chaise, armoire ou coffre, s'ajoutent à ce lit garni de coussins et de couvertures.

Comme dans le reste de la maison, des peintures murales, parfois vives, agrémentent cet espace assez austère, en accord avec sa vocation de lieu de repos diurne et nocturne. Toutefois, la salle peut s'ouvrir aux conciliabules et discussions d'affaires que l'on veut discrètes. La vie intime s'organise autour des activités de la journée. Les fouilles livrent de nombreux accessoires de maquillage, palettes à fards, pots à onguents, qui montrent l'importance des soins cosmétiques. Une grande importance est accordée à la coiffure, dont la mode évolue au fil du temps, ce dont témoignent les représentations gravées dans le marbre ou sur les monnaies.

Dans la civilisation romaine, la correspondance tient une place privilégiée. La rédaction de lettres aux amis ou aux relations d'affaires appellent un usage quotidien du stylet en os ou en métal. Il sert à graver les messages sur des tablettes en bois garnies de cire, que l'on peut sceller pour en garantir la discrétion.

Maison d'*Amour et Pan*
Site de Sainte-Colombe
IIe - IIIe siècles après Jésus-Christ
Maquette réalisée par Patrice Berger
d'après des restitutions d'Anne Le Bot
et Brigitte Sagnier
1 x 0,83
Échelle 1/50

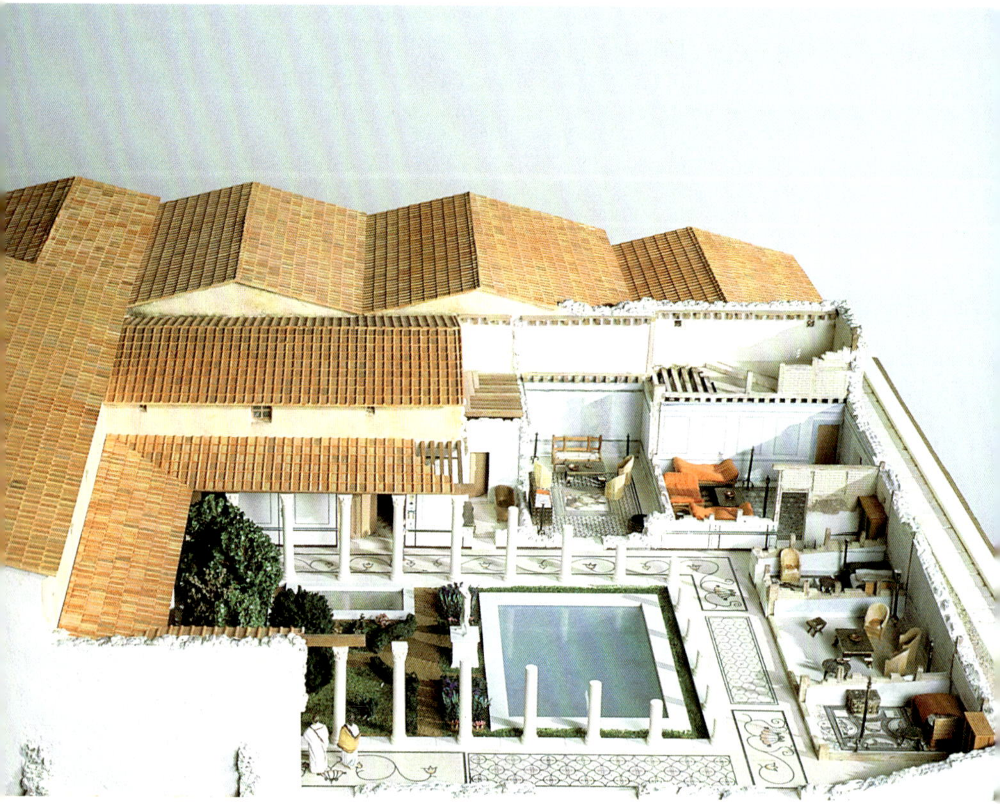

Découverte en 1980, à l'angle de la rue Garon et de la rue du Salin, seul le côté oriental de la maison a été dégagé. Une partie des vestiges de cette maison sont présentés, in situ, au rez-de-chaussée d'un immeuble moderne : en particulier la mosaïque du salon d'*Amour et Pan* et celle du *triclinium* aux médaillons octogonaux polychromes. Pour les besoins de la restitution, les décors des murs ont été imaginés librement à partir du répertoire décoratif généralement utilisé au IIe siècle.

L'entrée principale de la maison se situait probablement à l'ouest du péristyle*. Nous nous trouvons donc dans la partie privée de la *domus** qui était séparée des rues principales par des boutiques, des entrepôts ou des ateliers appartenant sans doute au même propriétaire. L'existence d'étage n'est pas formellement attestée.

C'est grâce à l'organisation du plan général, aux dimensions des pièces, mais surtout à leur décor — les pavements en particulier — que les archéologues retrouvent la fonction précise de chaque espace. Ainsi, l'organisation du décor, la qualité des matériaux mis en œuvre, la hiérarchie des motifs plus ou moins complexes ou plus ou moins colorés, les thèmes des scènes figurées et leur sens de lecture sont autant d'indices qui permettent de définir l'emplacement et la nature du mobilier.

Les grandes *domus* se caractérisent souvent par la multiplication des salles d'apparat utilisées selon l'opportunité. L'occupation de telle ou telle pièce pouvait être dictée par la qualité ou l'ampleur d'une réception. Ce choix permettait aussi de s'adapter aux rigueurs du climat. Ainsi, dans la Maison d'*Amour et Pan*, on pouvait résister aux grandes chaleurs estivales soit dans l'aile occidentale où les tapis personnalisés du péristyle* signalent des pièces importantes, soit dans l'aile sud du péristyle dont les chambres et le petit salon étaient largement ouverts aux fraîcheurs du nord et à celles du grand bassin bleu et de ses jeux d'eau. En hiver, pour s'abriter du froid apporté par la bise, il fallait déserter l'aile sud au profit de l'aile orientale ouverte aux rayons du soleil couchant. C'est aussi de ce côté qu'était implantée la salle de bain chauffée dont la chaleur en se diffusant par les murs adoucissait la température des salons.

Peinture aux *Hexagones*
début du IIIe siècle après Jésus-Christ
0,90 x 0,80

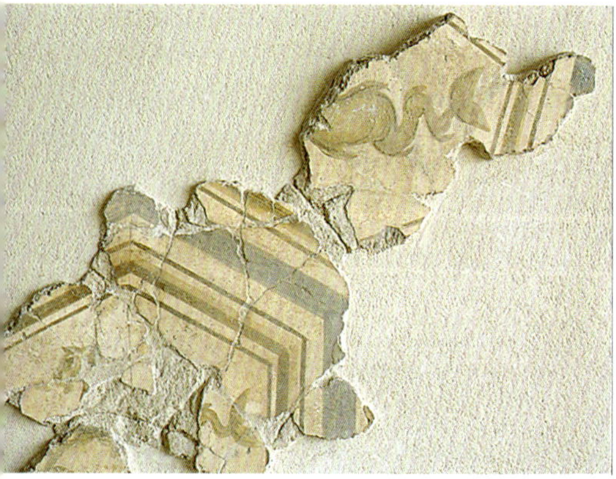

Ce décor a été découvert en 1967 dans le *tepidarium** des thermes du *Nord* de Saint-Romain-en-Gal dont il ornait la voûte.

La composition, élaborée à partir d'une trame d'hexagones adjacents, imite les plafonds à caissons à l'origine réalisés en bois ou en stuc : les moulures sont rendues par une suite de filets colorés. Les monstres marins, ici à tête de cheval et corps de poisson, sont très communément utilisés. Ces évocations marines s'adaptaient bien à la décoration des bains.

Mosaïque des *Quatre-feuilles* et des *Monstres marins*
Site de Sainte-Colombe-lès-Vienne
IIe siècle après Jésus-Christ
4,22 x 2,67

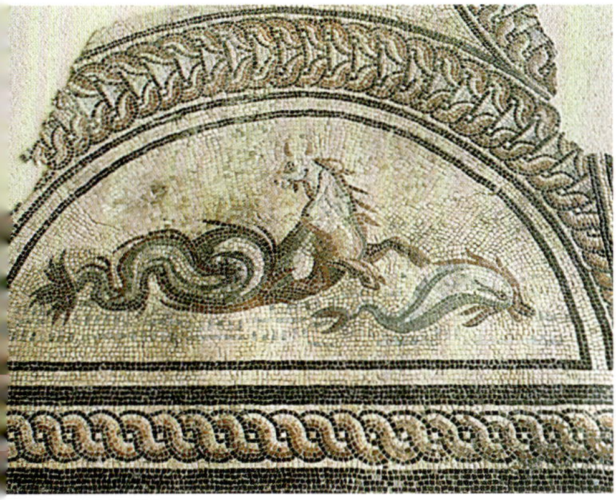

Ce pavement découvert en 1981, à Sainte-Colombe, à l'angle de la rue Garon et de la rue du Salin, décorait l'une des chambres de la Maison d'*Amour et Pan*. La fonction de la pièce et la disposition du mobilier ont déterminé l'organisation et la richesse des décors. Les tesselles* de très petites dimensions apportent une qualité particulière au pavement. Elles sont aussi adaptées aux dimensions réduites de la pièce. Cette mosaïque a été restaurée plusieurs fois dans l'antiquité.

La mosaïque est composée d'un tapis découpé en trois champs de superficies inégales. L'entrée de la pièce est marquée par un cratère à godrons* d'où s'échappe de chaque côté un rinceau* polychrome. Le décor le plus simple se trouve sous le lit, au fond de la pièce. Il s'agit d'une trame géométrique de cercles sécants qui déterminent des quatre-feuilles noirs sur fond blanc. Au pied du lit, ce tapis géométrique est bordé d'une ligne de triangles qui rappelle les franges d'un vrai tapis.

Alors que devant le lit se développe un rinceau noir et blanc, le reste de la pièce est décoré d'une riche composition polychrome. Quatre demi-cercles tangents délimitent au centre un carré curviligne qui porte un motif de voile et d'écailles tendues. Des monstres marins, taureaux, chevaux, accompagnés chacun d'un dauphin, occupent ces demi-cercles. Ce thème maritime est complété aux angles par quatre médaillons ornés de poissons.

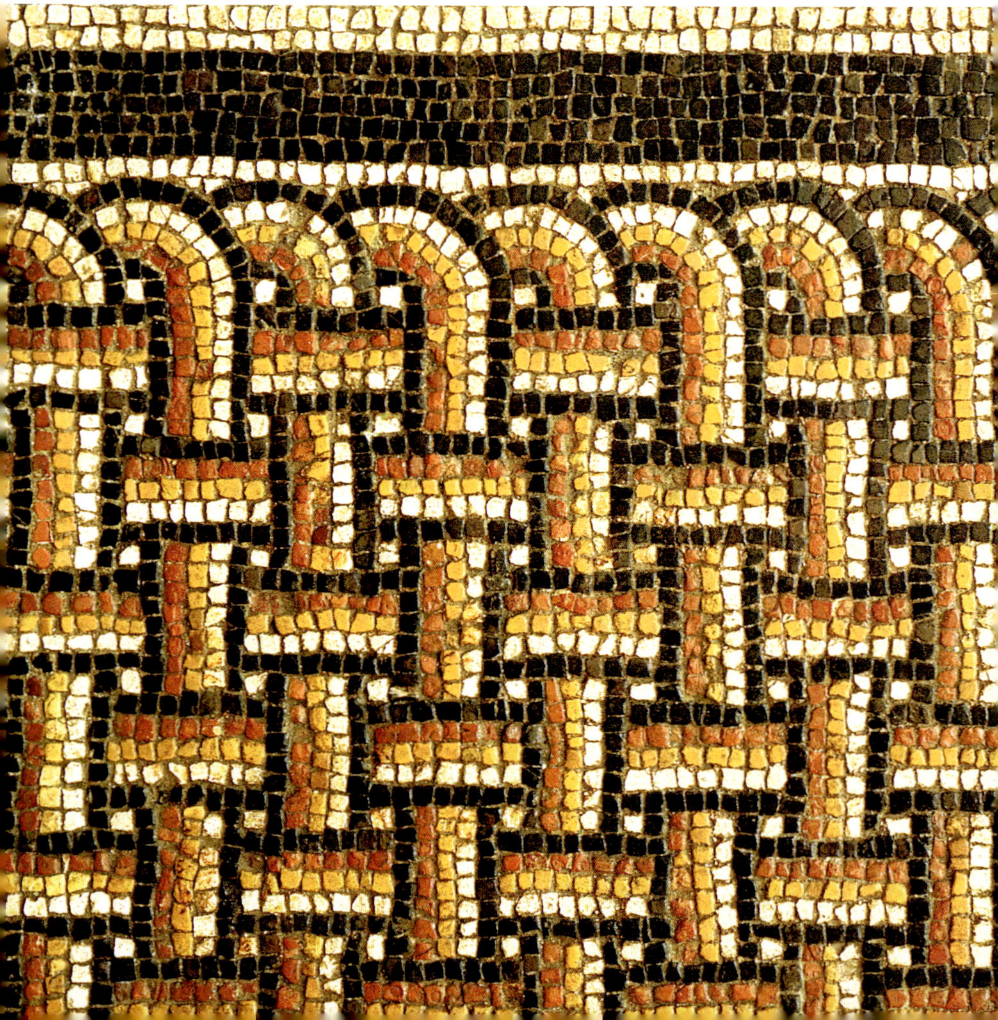

Mosaïque de la *Sparterie*
Site de Sainte-Colombe-lès-Vienne
IIe siècle après Jésus-Christ
2,82 x 1,89

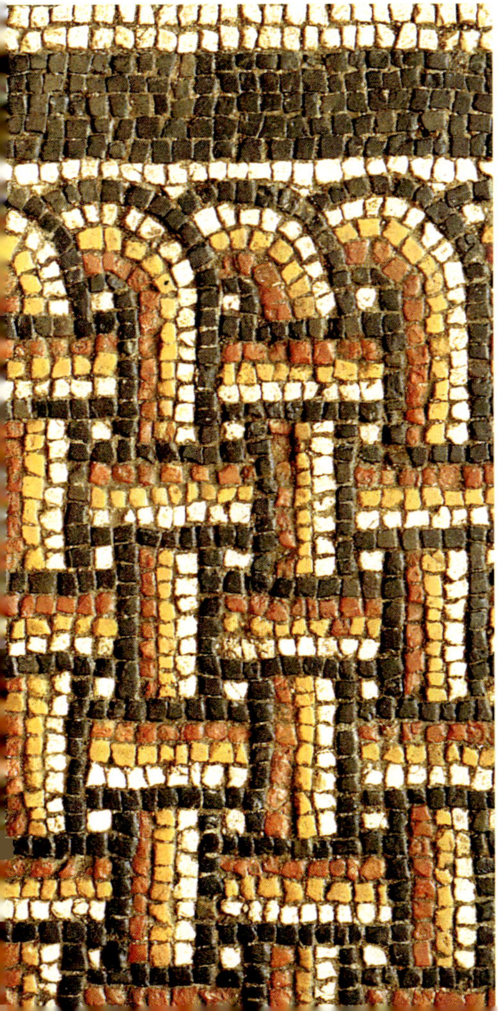

Cette mosaïque, dont il ne restait plus que deux fragments en place, a été découverte en 1981 à Sainte-Colombe-lès-Vienne, à l'angle de la rue Garon et de la rue du Salin. Ces deux fragments, un décor de natte (sparterie) et une panthère marine inscrite dans un demi-cercle, appartenaient à deux tapis juxtaposés qui décoraient le sol d'une chambre de 4,35 x 2,68 m de la Maison d'*Amour et Pan*.

La composition générale de ce pavement et la pièce qu'il décorait sont une réplique d'une autre chambre appartenant à la même maison, ornée de la mosaïque aux *Quatre-feuilles* et des *Monstres marins*. Le lit disposé au fond de la pièce se trouvait sur la bande de raccord blanche et sur une partie de la natte, véritable descente de lit en trompe-l'œil. L'antichambre était agrémentée d'un tapis carré découpé par quatre demi-cercles tangents délimitant au centre un carré concave et dans chaque encoignure un carré. Chaque demi-cercle devait être occupé par un monstre marin.

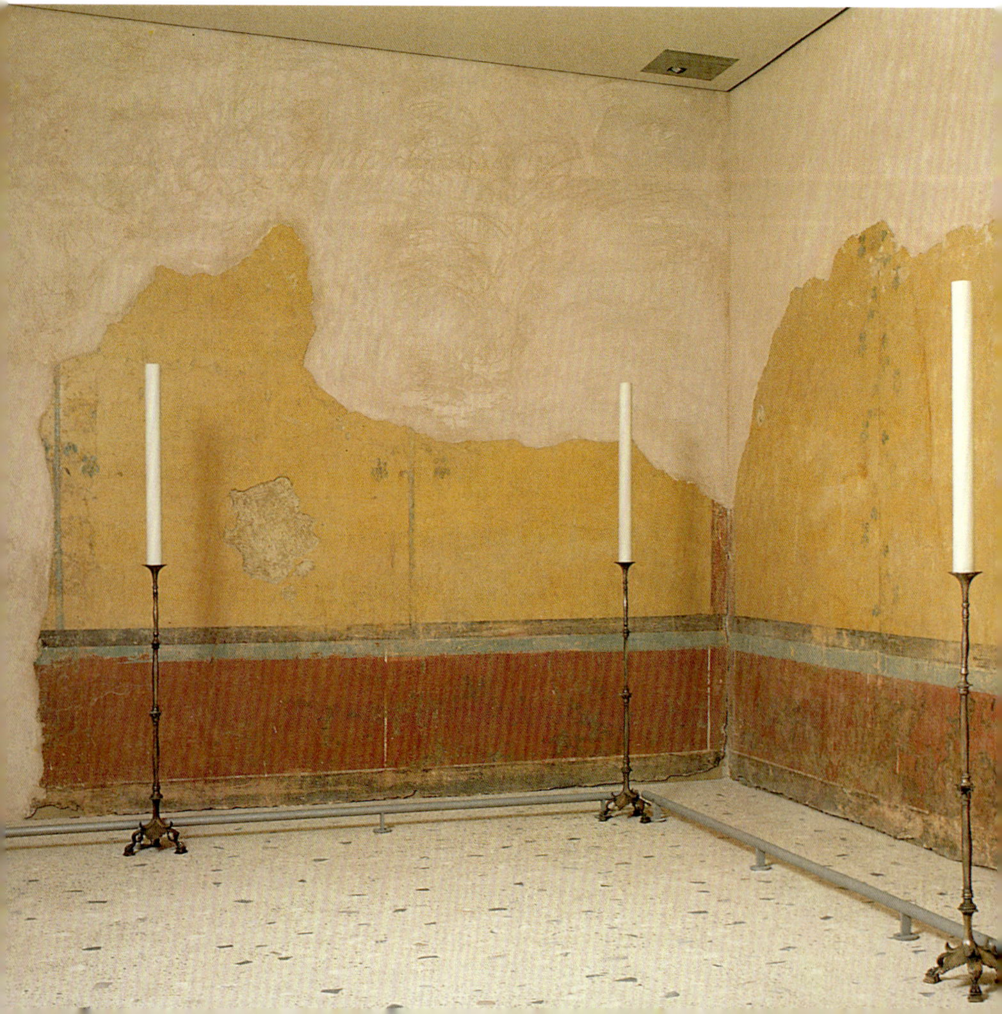

La Pièce jaune
Site de Sainte-Colombe-lès-Vienne
Ier siècle après Jésus-Christ
4,90 x 3,51

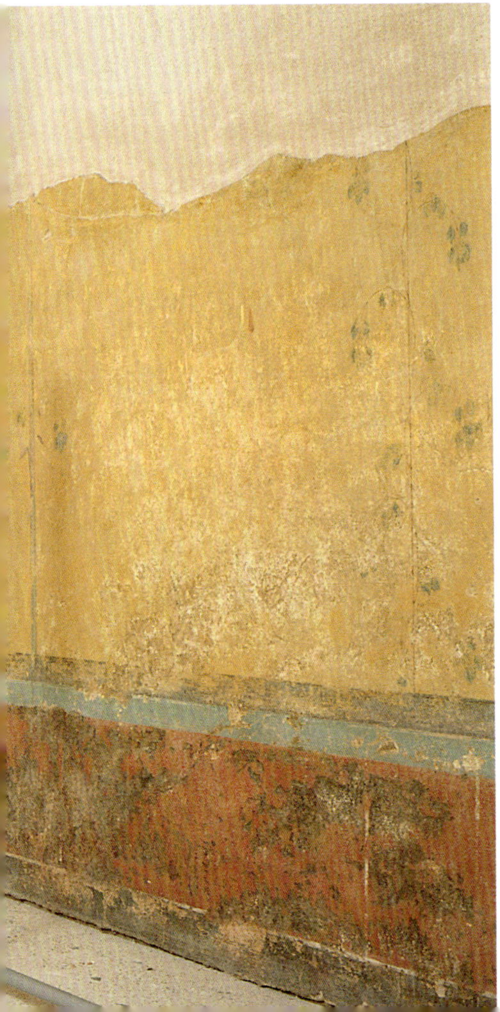

En 1987, à l'occasion d'une opération immobilière rue Garon à Sainte-Colombe-lès-Vienne, les archéologues fouillaient une maison romaine datant de la première moitié du Ier siècle apr. J.-C. Ils eurent la surprise de découvrir en l'état cette pièce, peinte toute en jaune, enfouie dans le sol d'un jardin moderne. Étant donné l'état de conservation exceptionnel des parois peintes qui subsistaient, l'atelier de restauration de mosaïques et d'enduits peints procéda à une importante opération de dépose qui permit de récupérer intactes les peintures et même une partie des murs.

Sur une plinthe rouge, limitée par un bandeau vert, se développe un grand champ jaune rythmé par des candélabres grêles ornés de bouquets de feuilles et de fruits enroulés autour d'un fin filet noir. C'est un exemple du IIIe style pompéien en Gaule.

Lampe à huile
Ier siècle après Jésus-Christ
0,10 x 0,07 x 0,10

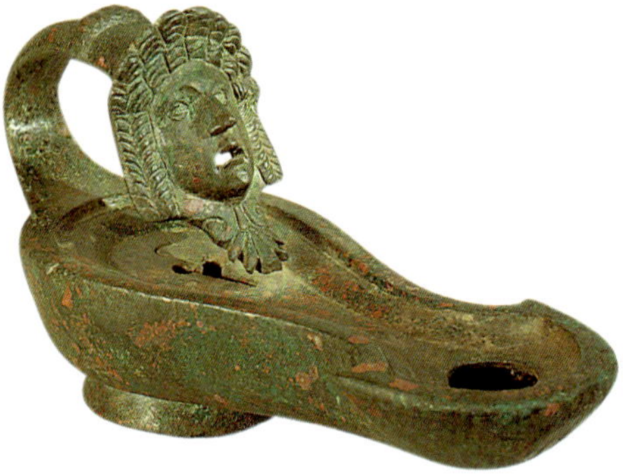

Pour obtenir des étincelles, les Romains utilisaient le briquet (*ignaria*), outillage très simple composé de deux pièces de bois que l'on frottait l'une contre l'autre. L'extrémité d'une tige de bois dur (laurier) était façonnée de manière à être introduite dans un trou pratiqué dans une seconde pièce, en bois tendre (lierre, clématite, chêne kermès, tilleul). Des feuilles, des champignons desséchés (amadou) ou des copeaux étaient disposés pour recevoir le feu. Ils utilisaient également des pierres (pyrite de préférence) enduites de soufre, frappées l'une contre l'autre, ou contre un morceau de fer. Enfin, les auteurs anciens précisent que les Romains dérangeaient facilement leurs voisins pour obtenir quelques charbons incandescents... Le plus pratique était d'entretenir ses braises !

Dans la maison, la principale source de lumière artificielle était les lampes à huile. On les utilisait seules, quand la taille de la pièce ou l'activité du moment ne réclamait que peu de lumière. Dans les grandes pièces de réception, en revanche, les lustres supportaient plusieurs de ces lampes dont la petite flamme, ajoutée aux autres, permettait d'accroître l'intensité lumineuse. Des candélabres, portant de gros cierges, donnaient aussi une lumière adaptée aux dimensions des pièces de réception.

Candélabre
Moulage
IIe siècle après Jésus-Christ
Bronze
0,17 x 0,86
Dépôt du musée de la Civilisation gallo-romaine de Lyon

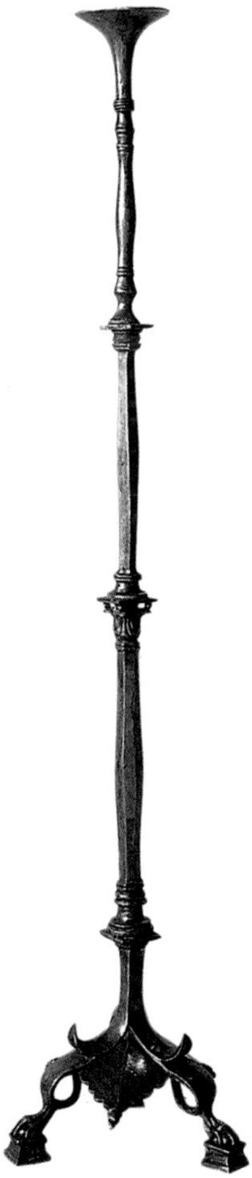

Composé de trois parties distinctes, ce candélabre comporte à son extrémité supérieure une partie évasée, avec une large pointe, destinée à fixer une torche de bois ou une bougie de cire. Des éléments découverts en 1892 ont servi à la reconstitution des candélabres qui éclairent la pièce jaune.

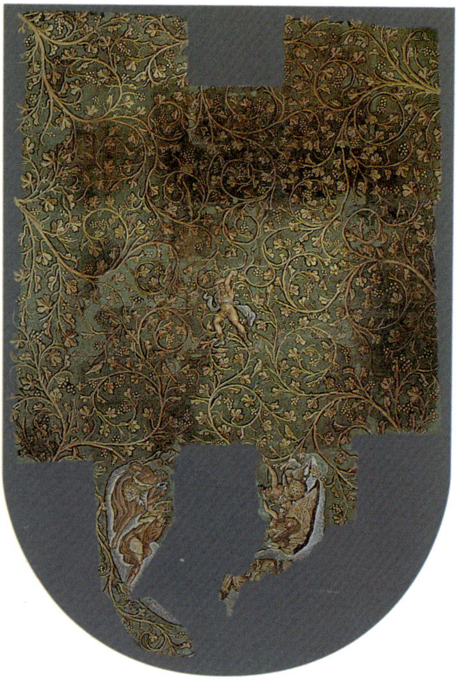

Cette mosaïque exceptionnelle fut découverte à Sainte-Colombe-lès-Vienne en 1900, mais elle n'a été complètement dégagée qu'en 1907 ; elle fut alors déposée et restaurée suivant les principes et les techniques de l'époque. A partir de 1987 elle a fait l'objet d'importants travaux de restauration pour être présentée au centre du musée.

Si le châtiment de Lycurgue n'est pas un sujet très courant dans l'art de la mosaïque (un seul autre exemple est connu en Gaule), cette histoire exemplaire de vengeance divine se retrouve, avec des variantes, dans toute la littérature grecque depuis l'*Iliade* jusqu'aux *Dionysiaques* de Nonnos, mythographe tardif du Ve siècle de notre ère.

Dans la version du mythe illustrée ici, Lycurgue, roi de Thrace, chasse Dionysos qui voulait traverser son territoire et s'attaque à Ambrosia, une des bacchantes* de sa suite. « Ambrosia [...] implora la Terre Mère de la sauver de Lycurgue, et la Terre [...] s'ouvrit et reçut dans son sein aimant la nourrice de Dionysos. La nymphe disparut et se changea en végétal : elle devint une vigne qui, tissant des liens enroulés sur eux-mêmes, enserra le cou de Lycurgue d'un noeud étrangleur. »

La mosaïque se trouvait dans une pièce rectangulaire munie d'une abside semi-circulaire (peut-être un *triclinium*). Le magnifique tapis vert sombre est tout entier occupé par des rinceaux* de feuilles de vignes peuplés d'oiseaux. Au centre Lycurgue, petit personnage trapu, tente désespérément de se libérer à coups de hache. Dans l'abside, une scène lacunaire représente des convives installés autour du lit de repas en demi-cercle (*stibadium* ou *sigma*). Ils célèbrent le culte divin. Bacchus est reconnaissable au thyrse* qu'il tient dans la main gauche ; à sa droite un bacchant joue de la lyre. En face une bacchante est allongée près du dieu Pan qui boit dans un *rhyton* (coupe en corne ou en forme de corne ou de tête d'animal).

Mosaïque de *Lycurgue*
Sainte-Colombe-lès-Vienne
Dernier quart du IIe siècle après Jésus-Christ
7,70 x 5,25
Dépôt du musée de Vienne

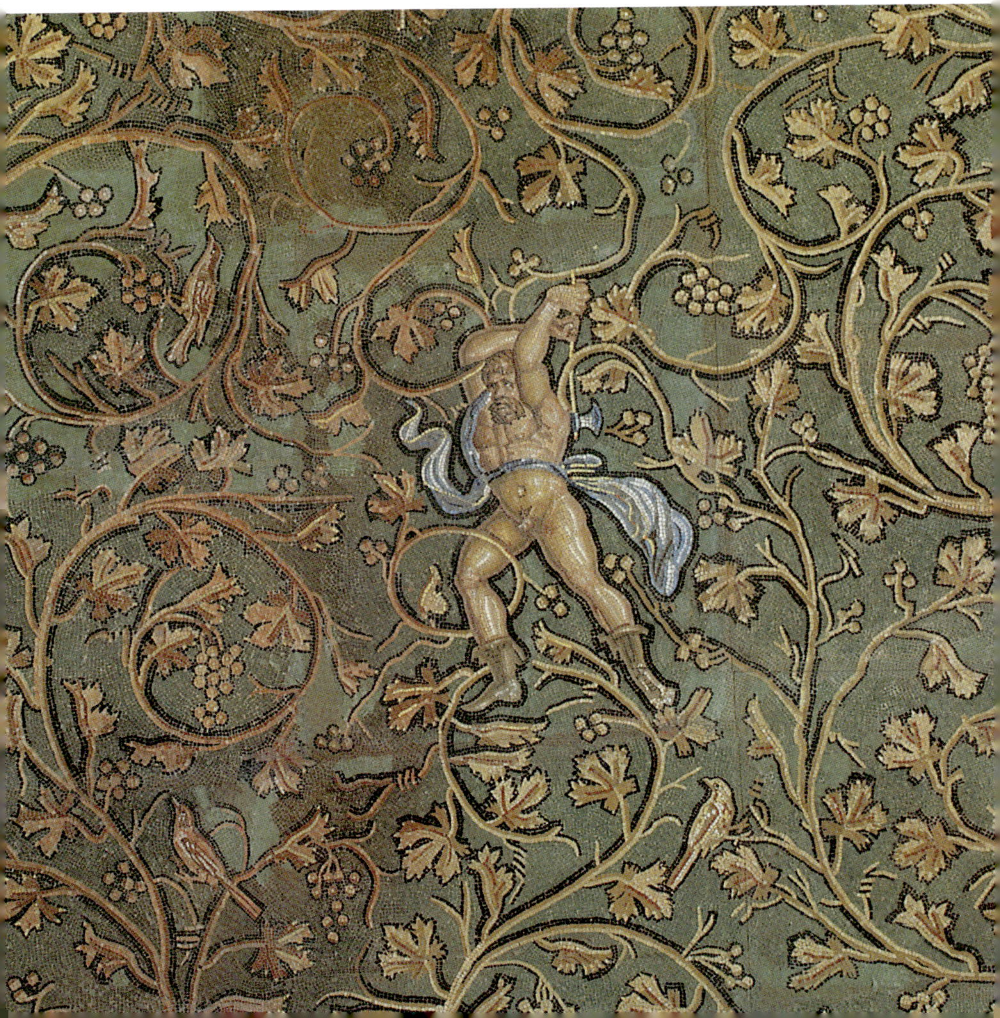

Lexique

Apicius
riche viveur romain et célèbre gastronome du Ier siècle apr. J.-C., auteur du *De re coquinaria*, premier traité de gastronomie connu.

atrium
pièce d'entrée de la maison italique ancienne. Son toit est percé d'une ouverture, le *compluvium*, pour le passage des eaux pluviales. Celles-ci, recueillies dans un bassin, l'*impluvium*, alimentent une citerne inférieure.

bacchant / bacchante
membre du cortège bacchique (*thiase*).

canthare
élégant vase à boire monté sur pied et muni de deux grandes anses surélevées.

dendrochronologie
méthode de datation scientifique à partir de l'étude des cernes de croissance des troncs d'arbres.

domus
grande maison urbaine par opposition à la *villa*, demeure rurale.

Édit du Maximum
décret pris en 301 par l'empereur Dioclétien qui fixait le prix maximum de divers produits et services.

foulon
ouvrier qui foule les textiles, fibres brutes ou déjà tissées, c'est-à-dire qui les piétine dans un liquide alcalin pour les dégraisser ou leur donner une certaine texture.

godrons
ornements en forme d'œufs allongés ou de boudins de section semi-circulaire appliqués sur des vases métalliques.

haste
lance ; ici motif décoratif en forme de fer de lance.

hypocauste
système de chauffage souterrain très fréquent dans les salles de bain privées et les thermes publics. L'air chaud produit par un foyer circule sous les sols portés par des pilettes et le long des murs, à travers des briques creuses, *tubuli*.

Martial
poète de cour du Ier siècle apr. J.-C. (40-104), auteur de plus d'un millier d'épigrammes qui, par leur observation aiguë de la société de l'époque, sont des documents précieux pour les historiens.

opus sectile
pavement formé de plaques de marbre (ou d'autres pierres) découpées composant un décor géométrique.

opus tessellatum
pavement formé de petits cubes de pierre, les tesselles (synonyme de mosaïque).

palestre
terrain de sport, généralement entouré de colonnades et faisant souvent partie d'un ensemble thermal.

pancrace
lutte à poings nus fermés.

panneton de clef
partie de la clef qui pénètre dans la serrure ; ici motif décoratif représenté sur une mosaïque.

pelte
chez les Grecs petit bouclier léger en forme de croissant de lune ; il était fait de bois recouvert de cuir. Stylisé, il est devenu par la suite un motif décoratif assez employé.

péristyle
cour ou jardin entouré d'une colonnade (portiques), caractéristique des grandes maisons romaines.

Pline l'Ancien
célèbre encyclopédiste romain du Ier siècle apr. J.-C. (28-79), auteur du *Naturalis historia*, œuvre gigantesque dans laquelle il aborde la plupart des domaines connus à son époque. Il est mort dans l'éruption du Vésuve.

Pline le Jeune : homme politique et écrivain romain du Ier siècle apr. J.-C. (61-112). Sa correspondance aborde tous les domaines. Parmi ses lettres les plus célèbres on peut citer la relation de l'éruption du Vésuve où périt son oncle, ou la description de sa maison de campagne (si détaillée que récemment on a pu, sous la forme de dessins, la traduire en projets d'architectes !).

pugilat
combat à coups de poings, les mains entourées de *cestes*, une sorte de gant de boxe.

rinceau
motif décoratif fait de tiges végétales plus ou moins stylisées et disposées en enroulement.

sigillée
céramique gallo-romaine brillante, de couleur rouge brique, dont le décor en léger relief est obtenu par moulage.

Strabon
géographe grec (63 av. - 19 apr. J.-C.). Sa *Géographie*, quoique de valeur inégale à cause de la disparité des sources, est devenue un document précieux pour les historiens modernes.

svastika
symbole sacré d'origine indienne formé d'une croix aux branches coudées (croix gammée).

tepidarium
salle tiède dans les thermes romains.

tessellatum
ensemble des tesselles d'une mosaïque.

tesselles
petits cubes en pierre, en pâte de verre ou en terre cuite, qui servent à réaliser les mosaïques. Leurs dimensions varient de quelques millimètres à 2 ou 3 centimètres.

thyrse
emblème de Dionysos. C'est un bâton entouré de lierre ou de vigne et surmonté d'une pomme de pin.

tympanon
instrument de musique composé de cordes tendues sur une caisse trapézoïdale, dont on joue en frappant sur les cordes avec deux petits maillets.

xénia
symboles d'hospitalité, cadeaux offerts par le maître de maison à ses invités. Sur les mosaïques ce sont surtout des représentations d'aliments ou d'animaux.

Bibliographie

Généralités

François Baratte, *La maison romaine et la vie quotidienne*, coll. Découvrez au musée du Louvre, Nathan/Réunion des musées nationaux, Paris, 1988.

Paul-Albert Février, Michel Fixot, Christian Goudineau et Venceslas Kruta, "La ville antique", *Histoire de la France urbaine*, sous la direction de Geoges Duby, Le Seuil, Paris, t. I, 1980.

Pierre Gros, *La France gallo-romaine*, Nathan, Paris, 1991.

Saint-Romain-en-Gal - Vienne

Colette Laroche, Hugues Savay-Guerraz, avec la contribution de Évelyne Chantriaux, Hélène Harembourg et Denise Meyrand, *Saint-Romain-en-Gal, Guides archéologiques de la France*, n° 2, Paris, 1984.

Roger Lauxerois, *Vienne*, éd. Ouest France, 1988.

Éric Delaval, Hugues Savay-Guerraz et Dominique Tavernier, *La Maison des Dieux Océans*, AGLAS, 1992, rééd.1996.

François Leyge, "Le musée de Saint-Romain-en-Gal", *Archeologia*, n° 327, oct. 1996, p. 26-36.

Musée et Site Archéologique de Saint-Romain-en-Gal - Vienne
Le musée est ouvert tous les jours de 9 heures 30 à 18 heures 30, sauf lundi.
L'entrée est située sur la départementale 502, reliant Vienne à Saint-Romain-en-Gal.
Un parking est à votre disposition de l'autre côté de la route.
Renseignements 04 74 53 74 00

Pour poursuivre la découverte de la civilisation gallo-romaine, le Département du Rhône vous propose à Lyon, un musée et un site:
Musée de la Civilisation Gallo-Romaine
17, rue Cleberg
69005 Lyon
Le musée est ouvert tous les jours de 9 heures 30 à 12 heures et de 14 heures à 18 heures, sauf lundi et mardi.
Renseignements 04 72 38 81 90

Crédits photographiques
Paul Veysseyre
Alain Basset (pages 61 et 62)

Publication du département de l'édition
dirigé par Anne de Margerie

Coordination éditoriale et fabrication
Gilles Fage et Dominique Royer,
antenne éditoriale, Lyon
assistés de Stéphanie Fontana

Relecture des textes
Corine Pourtau

Conception graphique et mise en page
atelier trois-quarts face, Lyon

Typographies
Goudy, **Franklin Gothic**

Photogravure
Accord image, Lyon

Impression
Achevé d'imprimer en octobre 1996
sur les presses de l'imprimerie Néo-Typo,
Besançon

Dépôt légal octobre 1996
ISBN 2 7118 3200 7
GK 39 3200